JN025760

イギリス英語で音読したい！

UK音読パーフェクトガイド

小川 直樹 著

研究社

イギリス英語で音読したい！
UK 音読パーフェクトガイド

PRINTED IN JAPAN

はじめに

　音読は英語学習法としてかなり人気があるようです。実際、書店の英語学習書の棚には英語音読関連の本がたくさん並べられています。

　どの本も、英語音読は英語力増強に最適だと謳っています。また、英語日本語を問わず音読本は脳の活性化、いわゆる「脳トレ」にも役立つとする本もあります。僕はこれらの効力を否定するものではありません。むしろ全面的に賛成です。

　ただ、音読学習書の多くは、発音解説が意外なほど手薄です。ここはどう読んだらいいのか？　どう発音したら英語らしくなるのか？　日本人英語学習者が英語を音読する際に必ず出てくる疑問です。残念ながら従来の音読学習書は、このような疑問にはなかなか答えてくれなかったのではないでしょうか。

　ましてその音読素材がイギリス英語（以下「BE」）の場合、なおさらです。あえて BE の教材を選ぶ人は、BE にこだわりのある人です。でも音読学習書でいくら勉強しても、BE らしい発音のコツがわからない、はたして自分が BE らしく発音できているのかわからない、と感じる人は少なくないでしょう。

　本書は、そのような BE 発音での音読の悩みに答えるための本です。僕は長いこと発音の研究と指導を行ってきました。僕のところには、BE 発音を学びたいと思う人がたくさん訪れます。その人たちに教えてきたノウハウを詰め込んで作ったのが、本書です。こうすれば BE らしくなる、日本人の多くはここでこう間違えてしまう、といった情報をていねいに盛り込みました。

　本書ではとりわけ韻律（リズムとイントネーション）について、詳しく扱っています。韻律は、BE らしさを出すためには、母音や子音よりもはるかに影響力があるからです。またコミュニケーションの観点からも欠くことのできない要素です。韻律は大事なところをはっきり伝えるための道具です。とりわけ本

書で取り上げるような名作の音読では、人に伝えるという面が見過ごせません。だからこそ韻律を詳しく扱っています。

　最後にアドバイスです。この本を使ってあなたの音読がBEらしくなってきたら、覚悟してください（笑）。なぜならば、あなたの英語を聞いた英語話者たちは、あなたを知性・品性・教養・分別を持ち合わせた人とみなすからです。上品な英語にはそれなりの責任が伴うということです。これを常に念頭に入れて、BEの音読学習に励んでください。

　最後に、朗読を担当してくれたDavid John Talorさんには格段の謝意を表したく思います。扱ったのは誰でも知る有名な英文学です。その英文学をイギリス英語らしく音読する技法を学ぼう、という本を作るのです。モデル音声がことのほか重要です。だからこそ英文学を深く理解し、それを適切に音声で表現できる力量のある人でないと務まりません。その任を、気品ある重厚な朗読で見事にこなしてくれたのが、テイラーさんです。おかげでほかに類を見ない、非常に実践的な本ができあがりました。Thank you very much indeed, Dave!
　また、本書刊行に当たり研究社の方々、とりわけ編集担当の金子靖さんには、コロナ禍で大変な時期に根気のいる仕事をこなしていただきました。ありがとうございました。

2020 年秋

小川直樹

目 次

I. BE の発音　011

II. 作品音読　041

本書の使い方

🏴 I. BE の発音

まずは、第 I 部で BE（British English）の発音の特徴、American English との違いなどをご確認いただきます。

イギリスのテキストをイギリス人らしく音読する上で重要なことを盛り込みましたので、よく読んでください。

韻律(リズムとイントネーション)、母音と子音、音変化、発声法まで、イギリス英語の特徴を十分に理解してください。

注意すべき重要な発音は、無料ダウンロードで確認できます（10ページ参照）。よく聞いてください。

---

2 | イギリス英語らしさを出す要素

🏴 BE はすっきり力強い響き

BEの響きはAEと違っています。AEよりもすっきりしています。そして力強く響きます。あるいは、なんだかカクカク、シャカシャカと硬い感じがします。そして早口にも聞こえます。実際、それがBEらしさなのです。では、この原因はどんなところにあるのでしょう。

その原因を大雑把にまとめると以下のようなことが挙げられます。

① 母音にrがない。そのためすっきり聞こえる。
② 子音が強い。そのため硬く響く。
③ 母音が短い。そのため速く聞こえる。
④ 強勢が少ない。そのため素早いテンポに聞こえる。
⑤ 高低差が激しい。そのため複雑に響く。

ということは、これらを意識すれば、あなたの英語はBEらしい響きになるということです。

この章ではこれら、BEの特徴を示すものに限って説明します。すべての音については、拙著『イギリス英語発音教本』や『イギリス英語でしゃべりたい！』（ともに研究社）をご覧ください。

①すっきり感の原因は r がないこと
いちばん基本的なことです。母音字の後ろの r を発音しないようにします。bird や teacher の下線部の母音をすっきりした、口をあまり開けない「ア（ー）」で発音するするということです。

口をあまり開けないすっきりした「ア（ー）」は、英語をしっかり学んできた

日本人には、発音するのが意外とむずかしいかもしれません。なぜなら、日本で習う英語はだいたいAEだからです。そのため英語力のある人の多くは、AEの発音に慣れています。イギリスに行き、現地で英語を習うと、まずrの響く「ア（ー）」を注意されます。でもその音は癖としてしみついているので、簡単には直りません。その結果、英語（おそらくAE）はしゃべれるのに、イギリス英語のこの「ア（ー）」ができずに悩むという日本人は少なくありません。

まず r の発音です。bird の母音は [əːr]、teacher の -er は [ər] です。この [ər] の右側の折れ曲がって飛び出た部分が、[r] の響きを表しています。

ちなみに、昔は、前者（bird の母音）を [əːr]、後者（teacher の -er）を [ər] と表記しました。これだと [əːr] に [r] が後付けされているようです。でも実は [əːr] そのものに [r] が混ぜ込まれているのです。

BEらしさを出すには、その混ぜ込まれた [r] を除去しないといけません。では、[r] を除去するにはどうしたらいいのでしょう？ 舌の先を下の前歯の裏側に触れさせるようにしてください。こうすると舌が下りります。これですっきりした音が出ます。[r] 特有のこもった音は、舌が口内でフワっと浮いたような状態になったときに出ます。だから「舌を下げる」ことが大事なのです。

ちなみに BE の、たとえば first と fast といった違いは、日本人にはかなり微妙な違いです。first は [fəːst] で、fast は [fɑːst] です。日本人にはどちらも「アー」と聞こえてしまいます。前者 first は、口を半開きにし、アカを抜いて出す「アー」です。後者 fast は口を最大に開いて喉の奥から出す「アー」です。口の開け方の大小がポイントです。

この差をわかりやすく表現するためには、口の可動域を日本語を話すときより大きくしないといけません。英語を発するときには、口を大きく動かすことを常に意識してください。

🏴 II. 作品音読

BE の特徴がよく示されたテキストを 10 本選びました。

マザー・グースから『不思議の国のアリス』『ピーター・ラビット』から、シャーロック・ホームズ、カズオ・イシグロまで、魅力的な素材で音読トレーニングしましょう。

まずは、著者小川直樹の音読方法（OK メソッド）を記したテキストを示します。

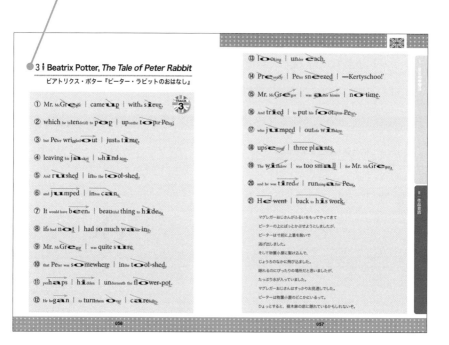

そのあと、句 (phrase) ごとに分解して発音解説を付けましたので、よく読んでください。

同梱 CD には通してそれぞれのテキストの朗読バージョン（TRACK 01 〜 11）のほか、各句のあとに読者のみなさんが朗読していただく時間（8 秒）を置いたバージョン（TRACK 12 〜 22）も収録しました（どちらもダウンロード[10 ページ参照]でも入手可能です）。

　朗読音声をよく聞いて、解説をよく読み、**何度も繰り返し音読してみてください**。

ダウンロード音声について

本書のトレーニング音声（MP3）ほかは、研究社のホームページ（www. kenkyusha.co.jp）から、以下の手順で無料ダウンロードできます（MP3 データ）。

(1) 研究社ホームページのトップページで「音声ダウンロード」をクリックして「音声データダウンロード書籍一覧」のページに移動してください。

(2) 移動したページの「イギリス英語で音読したい！ UK 音読パーフェクトガイド」の紹介欄に「ダウンロード」ボタンがありますので、それをクリックしてください。

(3) クリック後、ファイルのダウンロードが始まります。ダウンロード完了後、解凍してご利用ください。

音声ファイルの内容は、以下のとおりです。

⬇ DOWNLOAD ▶ 01-24
⬇ DOWNLOAD TRACK ▶ 01-11 ★
⬇ DOWNLOAD TRACK ▶ 12-22 ★ （各句のあとに 8 秒入っている）
⬇ DOWNLOAD HUMPTY DUMPTY ▶ 01-04
⬇ DOWNLOAD ALICE ▶ 01-15
⬇ DOWNLOAD PETER RABBIT ▶ 01-21
⬇ DOWNLOAD A CHRISTMAS CAROL(1) ▶ 01-08
⬇ DOWNLOAD A CHRISTMAS CAROL(2) ▶ 01-09
⬇ DOWNLOAD THE SIGN OF THE FOUR ▶ 01-08
⬇ DOWNLOAD CHURCHILL ▶ 01-15
⬇ DOWNLOAD DAFFODILS ▶ 01-24
⬇ DOWNLOAD THE MOON AND SIXPENCE ▶ 01-13
⬇ DOWNLOAD THE REMAINS OF THE DAY ▶ 01-16
⬇ DOWNLOAD THE HAPPY PRINCE ▶ 01-46

★は CD に入っています。

I.

BE の発音

1 | 本書を使った学習の仕方

　まずは、「作品音読」の原文だけ目をとおし、自分で音読してみてください。できれば音声を録音したり、動画を撮影したりしておくといいでしょう。

　British English (BE) に興味のある人なら、おそらくはここはどう読めばいいのか、自分の発音はこれでいいのか、という疑問がわくと思います。

　そんな疑問をもったら、本書付属の音源を聞いてみてください（同梱 CD のほか、リピートレッスンなどができるダウンロード音声も用意しています）。そしてその音声を真似してみてください。

　なお、吹き込みはデイヴィッド・ジョン・テイラー [David [Dave] John Taylor] さんにお願いしました。彼は Wales 出身でわずかにウェールズ訛りがあります。ですが、取るに足らない程度のものです。なにしろ若い頃に俳優修業をしたうえ、現在は超一流大学で英文学を教えている本当のエリートなのですから。この経歴があるからこそ、本書ではデイヴさんにお手本をお願いしました。

　でも、もしうまく真似できたとしても、不安なはずです。「自分の発音は果たして正しいのだろうか？」「自分では気づかないような見落としがあるのではないか？」と。

　それが確認できるのが、本書のトランスクリプションと解説です。トランスクリプションでは、リズムやイントネーションが示されています。**リズムやイントネーションは、BE らしさを生み出す大切な要素。こう読めばいいのかと視覚的にわかるようにしました。**

　日本の英語教育においては、リズムやイントネーションの指導が十分であるとは思えません。また日本の英語教育では、アメリカ英語 (AE：American English) が主流です。みなさんが今まで習ってきた感覚で、英文を読んでしまうと、BE らしくない英語になってしまうかもしれません。だからこそ、本書の表示と解説を参考にして、BE 感のある読み方を研究してみてください。

　解説では、日本人が間違いやすい発音（母音や子音）も詳しく扱いました。かなり細かいことまで取り上げています。

　たとえば、go の母音はどう発音するのかといったことを繰り返し解説しました。日本人の多くは go を [goː] と発音するでしょう。実際、これで十分通じます。でも、残念ながらそれは上品な BE にはなりません。BE を再現するには、このあたりを十分に考えないといけないのです。

　本書には、こうした「マニアックな」発音指導を解説のあちこちにぎっしり詰め込みました。特に日本人であればまず間違えてしまう点については、何度も繰り返し取り上げました。それらは僕が長年、発音指導に携わってきたなかで得た知見なのです。

　ただ、解説はかなりの分量です。全部を完璧にこなす必要はありません。まずはできるところから繰り返し練習して身につけてください。

　なお、発音は知識ではなく実技です。本書は実技のための参考書です。ここに書いてある解説を全部覚えても、実際に発音できなければ意味はありません（知識だけなら覚えなくても、本書を見てもらえばすむことです）。

　音声を何度も聞き、何度もリピートしてみる。

　そしてトランスクリプションと解説をヒントに仕上げていく。

　必要に応じて、録音・録画をして、お手本と比べてみる。

　こういったことを繰り返して、あなたの英語をどんどん素敵なものに磨き上げてください。

　みなさんが上品で心地よい響きの BE でイギリスの文章を音読できるようになることを願っています。

2 ┃ イギリス英語らしさを出す要素

🇬🇧 BE はすっきり力強い響き

　BE の響きは AE と違っています。AE よりもすっきりしています。そして力強く響きます。あるいは、なんだかカクカク、シャカシャカと硬い感じがします。そして早口にも聞こえます。実際、それが BE らしさなのです。では、この原因はどんなところにあるのでしょう。

　その原因を大雑把にまとめると以下のようなことが挙げられます。

　　①　　母音に r がない。そのためすっきり聞こえる。
　　②　　子音が強い。そのため硬く響く。
　　③　　母音が短い。そのため速く聞こえる。
　　④　　強勢が少ない。そのため素早いテンポに聞こえる。
　　⑤　　高低差が激しい。そのため複雑に響く。

　ということは、これらを意識すれば、あなたの英語は BE らしい響きになるということです。

　この章ではこれら、BE の特徴を示すものに限って説明します。すべての音については、拙著『イギリス英語発音教本』や『イギリス英語でしゃべりたい！』(ともに研究社) をご覧ください。

①すっきり感の原因は r がないこと

　いちばん基本的なことです。母音字の後ろの r を発音しないようにします。bird や teacher の下線部の母音をすっきりした、口をあまり開けない「ア (ー)」で発音するするということです。

　口をあまり開けないすっきりした「ア (ー)」は、英語をしっかり学んできた

日本人には、発音するのが意外とむずかしいかもしれません。なぜなら、日本で習う英語はだいたい AE だからです。そのため英語力のある人の多くは、AE の発音に慣れています。イギリスに行き、現地で英語を習うと、まず r の響く「ア（ー）」を注意されます。でもその音は癖としてしみついているので、簡単には直りません。その結果、英語（おそらく AE）はしゃべれるのに、イギリス英語のこの「ア（ー）」ができずに悩むという日本人は少なくありません。

　まず AE の発音です。bird の母音は [ə:]、teacher の -er は [ɚ] です。この [ɚ] の右側の折れ曲がって飛び出た部分が、[r] の響きを表しています。

　ちなみに、昔は、前者（bird の母音）を [ə:r]、後者（teacher の -er）を [ər] と表記しました。これだと [ə(:)] に [r] が後付けされているようです。でも実は [ə(:)] そのものに [r] が混ぜ込まれているのです。

　BE らしさを出すには、その混ぜ込まれた [r] を除去しないといけません。では、[r] を除去するにはどうしたらいいのでしょう？ **舌の先を下の前歯の裏側に触れさせるようにして**ください。こうすると舌が下がります。これですっきりした音が出ます。[r] 特有のこもった音は、舌が口内でフワッと浮いたような状態になったときに出ます。だから**「舌を下げる」**ことが大事なのです。

　ちなみに BE の、たとえば first と fast といった違いは、日本人にはかなり微妙な違いです。first は [fə́:st] で、fast は [fɑ́:st] です。日本人にはどちらも「アー」と聞こえてしまいます。前者 first は、口を半開きにして力を抜いて出す「アー」です。後者 fast は口を最大に開いて喉の奥から出す「アー」です。口の開け方の大小がポイントです。

　この差をわかりやすく表現するためには、口の可動域を日本語を話すときより大きくしないといけません。英語を発するときには、口を大きく動かすことを常に意識してください。

bird, teacher, first, fast はダウンロード音声で確認できます。

![download] DOWNLOAD_01

以下の単語も発音してみましょう。

![download] DOWNLOAD_02

[ɑː]	[əː]
f**a**ther	f**ur**ther
c**ar**ve	c**ur**ve
h**ar**d	h**ear**d
d**ar**t	d**ir**t

②子音が強い

　BE では子音が強く響きます。その最大の要因は、[t] です。BE ではスペリング上の t をしっかり発音します。[t] は非常に頻度の高い子音です。それが強く響くということです。そのため、BE では子音が強いという印象が残ります。

　ところで、BE の [t] は非常に強い音である一方、日本語の [t] は BE に比べると大変弱く発音されます。この [t] では残念ながら BE 感は出せません。

　では、BE らしい [t] はどう出せばいいのでしょう。まず、**舌先に力を入れてとがらせます。**その舌先を、上前歯の上の歯茎に強く押し当てます。そして呼気をしっかりためます。圧力が高まってから、息を強く、しかしゆっくり吐きます。こうすると破裂の直後に、息がこすれる音が現われます（「気息」といいます）。この気息をしっかり響かせることで、BE らしい強い [t] の音が再現できるのです。

　better や letter などの語中の [t] も、基本的に同じように発音します。AE ではこのような母音に挟まれている [t] を、「楽をして」出そうとします。舌先の力を弱め、声も途切らせないということです。ですが、BE ではそんな楽はせずに発音します。**舌先に力を入れ、息と声をしっかり止めてから音を発します。BE では [t] の音をていねいに出す必要があるのです。**

　なお、日本語の [t] のままでは、BE 感を再現できません。日本語の [t] は

すでに述べたとおり非常に弱く発音されるからです。BE は子音が強く響きます。それを再現するには、舌先の強い筋力と強い呼吸が欠かせません。

　ちなみに、ここでは [t] のみに触れました。しかし、BE では他の子音、特に [p] や [k] などの無声破裂音も極めて強いのです。そういう音を出すには、口や舌などの発声器官に強い緊張感と強い呼気が必要です。

　最後に、盲点になりやすい子音を 1 つだけ挙げておきます。それは語末の [dʒ] です。large や language が典型例です。舌先でしっかり息を止めるようにしてください。日本人の発音では息が十分せき止められません。このために、息が漏れ出る摩擦音の [ʒ] のようになりがちです。これではまさしく締まらない音で終わってしまいます。

　ここで説明した単語の BE の音声を聞いてみてください。

⬇ DOWNLOAD_03

be_tt_er
le_tt_er
lar_ge_
langua_ge_
Po_tt_er
Pe_t_er
Scroo_ge_

③母音は短く

　BE の母音には、AE に比べ短く発音されるものがあります。hat などの [æ] と、hot などの [ɒ]、そして teacher などの弱音節の [ə] です。これらの母音は使用頻度が高く、とりわけ [ə] は非常に頻繁に発音されます。その結果、BE は AE に比べ母音が短い、つまり発音が速いという印象を生み出します。

　では以下で、それぞれの母音を詳しく見ていきましょう。

✳ hat の母音は短くあっさりと

　日本で BE を学ぶと、hat などの母音に、AE の音質をあててしまう人がいます。こうなってしまうのは、日本の辞書では英米の発音に、同じ [æ] という記号を使うためです。たとえば hat は、[hǽt] としか出ていません。これだと、英米で同じ発音だという意味のはずですよね。実際、日本ではこの母音については、英米で差があるとは思われていません。しかし実は、**発音記号は同じものを使っても、実際の音質は英米でかなり違うのです。**

　AE では、かなり「エ」の成分の強い、長い「ェアー」という母音です。日本では AE が主流ですので、英語の発音がうまい人は、この AE 流の [æ] を身につけてしまいます。

　AE を学んだ日本人学習者が日本で BE の発音を学ぶと、どうなるでしょう。日本では [æ] の母音は、英米の区別がないと思われています。その結果、AE 風の [æ] を当ててしまうことになるのです。これでは、この人がいくら BE 発音を学んでも、アメリカ風の響きが付いて回ってしまうのです。

　では、BE での [æ] はどんな響きなのでしょう？　これは、日本語の「ア」にかなり近い音です。出し方としては、口の前のほうを意識して、短く、強めに「ア」と言うだけ。これで出せます。実は、この音質は [a] と表記しても問題ないものです。そのため、最近の BE の発音表記では [a] が使われるようになっています。本書も、この [a] を使うことにします。

hat の BE 音声はこちらでご確認ください。

⬇ **DOWNLOAD_04**

da**ffodils,**
ca**rol,**
ra**bbit,**
Alice,

▓▓ hot の母音は口をしっかり丸めて瞬間的に

　hot の母音は、BE では「オ」だと思われています。でも、単なる「オ」などと安易に考えてはいけません。この母音は [ɒ] です。日本の辞書では、この記号はほとんど使われていません。代わりに [ɔ] が使われています。

　別の記号が使われるということは、別の母音だということです。[ɒ] と [ɔ] は口の開きが違う「オ」なのです。ですが、日本では同じ音として扱われています。日本の辞書だけで BE を身につけようというのは、至難の業なのです。

　ちなみに、口の開きをちょっと説明しておきましょう。口を最大限に開いた母音が、[ɑ] です。これを基準にして、少しだけ丸まると [ɒ] になります。もう少し丸めると [ɔ] となります。（さらにもう少し丸めると [o] となります。でも、[o] は標準的な BE には現れません。）これらの音を確実に区別して出すには、僕が考えた手を使った方法（OK メソッド）が有効です。（詳しくは、『イギリス英語発音教本』や『イギリス英語でしゃべりたい！』をご覧ください。）

　[ɒ] をもう少し詳しく言うと、唇を丸めた状態（円唇）で、口を最大限に開けて出す「オ」です。かなり力を込めて瞬間的に出します。日本語の「オ」では力強さも表現できないし、口の大きな開きや円唇もなくすませてしまいます。「オ」ではまったく物足りないのです。

　hot の BE 発音はこちらでご確認ください。

📥 DOWNLOAD_**05**

Oscar,

Sw**a**llow,

w**a**ndered,

P**o**tter,

often

🇬🇧 弱音節の-erは短く

　teacherやOxfordはカタカナでは「ティーチャー」「オックスフォード」です。これらの-er、-or-にあたる部分には、伸ばす文字「ー」が使われています。そのため日本人が英語を発音しても、これらの-er、-or-が長くなってしまいがちです。ですが、**BEでは極めて短く、瞬間的に発音されます。**

　これら弱音節の -er などは、スペリング上は r があります。しかし p.14 でも述べたように、**BE ではこの r は発音されません。**その結果、極めてあっさりした短い [ə] となります。このあっさりした短い [ə] は、いろいろな単語で現れます。かっこ内は音読解説で取り上げる作品名です。

　teacher と Oxford も含めて BE 音声をこちらでご確認ください。

⬇ DOWNLOAD_06

teacher, Oxford

Pete<u>r</u>, McGrego<u>r</u>, ove<u>r</u>, unde<u>r</u>, afte<u>r</u> (*The Tale of Peter Rabbit*)

Wordswo<u>r</u>th, inwa<u>r</u>d, pleasu<u>r</u>e ("Daffodils")

　こうした単語の下線部は日本人式の英語で発音すれば、必ず伸びます。**しかし伸びないように、あっさり短く発音してください。**そうすれば歯切れのよいBE 感が出せるはずです。

　なお、後ろに母音で始まる単語が来ると、スペリングの r を発音することがあります。このような現象を「つなぎの r」と呼びます。ちなみに、ナレーターのデイヴィッド・テイラーさんは、つなぎの r をあまり使うほうではありません。でも、以下の個所ではつなぎの r が現れています。

togethe<u>r</u> again ("Humpty Dumpty")

④強勢が少ない

　BE は AE に比べると、「音が速く」聞こえます。その原因の 1 つが、上で述べた母音が短いということです。さらにもう 1 つ大きな要因があります。それ

は強勢の数です。AE では、長い単語には 2 つ強勢が付くことがよくあります。しかし BE では、そういった単語に強勢が 1 つしか付かないのです。たとえば library は、AE だと [láɪbrèri] ですが、BE では [láɪbri] となるわけです（イギリス人全員がこの発音をするわけではありませんが）。

2 つ強勢があるということは、発音がゆっくりになるということです。AE の library は、lib- [láɪb] で 1 拍、-rary [rèri] でもう 1 拍という 2 拍の単語です。ところが BE では 1 拍です。1 拍のあいだに library 全体を言わないといけないのです。AE の倍の速さで言わないといけないということです。

BE では、1 拍の長さであれもこれも言わないといけないので、弱くて言いにくいところは手を抜くことになります。つまり落とすのです。落ちやすいのは、弱母音（[ə]）やダブっている子音（ここでは [r]）です。その結果、[láɪbri] という音形になります。**AE に比べて倍の速さであるうえ、音が省略される**わけです。BE が速く聞こえるのも無理はありません。

library のほか、以下の BE 音声をご確認ください。

DOWNLOAD_07

ordinary [ɔ́ːd(ɪ)nri],
dictionary [díkʃənri],
territory [tɛ́rətri],
secretary [sɛ́krətri]
laboratory BE [ləbɔ́rətri] (AE [lǽbərətɔ̀əri])
なお、BE でのリズムの作り方は次章で改めて扱います。

⑤高低差が激しい

BE での声の音程の変化は、AE に比べて激しく聞こえます。BE は、AE よりも音程の変化が多様だからです。また高音域を多く使います。しかも、AE よりもかなり高い音域を使います。こうしたことによって、高低差が激しく聞こえるのです。

イントネーションをごく大雑把に線で表してみましょう。まず AE は、以下

の 2 パターンが代表的な形です。(A) は平叙文の基本的なパターンです。A は
ちょっと複雑にも見えますが、AE では文は普通の声の高さではじめ、最後だ
け高くして際立たせて落とせばいいということです。(B) は yes-no 疑問文など
で聞かれる上昇調です。緩やかな坂を上るように発音すればいいのです。

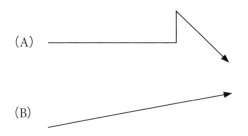

(A)

(B)

　以下は BE です。(C) は基本的なパターンです。**出だしを高く始めて、下が**
り続け、最後でさらに落とす。全体に高い音域が使われます。このパターンは
平叙文ばかりでなく、yes-no 疑問文でも多用されます。平叙文と yes-no 疑問
文で使われるので、頻度が非常に高いパターンです。なお下降調で終わると、
英語は冷たく聞こえます。BE ではこの (C) が多いため、冷たい感じがするの
です。

　ちなみに AE では、(B) のような上昇調が、yes-no 疑問文ばかりでなく、
若い人の普通のしゃべり方でも非常によく使われます（テニスの大坂なおみ選
手はその典型）。上昇調は温かみを感じさせます。そのため AE は優しい感じ
に響きます。

　(D) は BE での、下がって上がるパターン。降昇調です。降昇調（次の (E)
の分離降昇調も含む）は、AE ではあまり使われません。そのため、かなり
BE 感を出せるイントネーションです。ただ最後が上がるため、(B) のような
上昇調に誤解されやすいのです。特に yes-no 疑問文で使われる場合、そう思
われがちです。日本人は yes-no 疑問文＝単純な上昇調と思い込んでいるから
です。実際、BE でも単純な上昇調を使うことはないわけではありません。し
かし BE では文末を上げるにせよ、いったん下げるという手順を踏むことが多
いのです。

（E）も下がって上がるパターンですが、下降と上昇が離れている場合です。つまり下降と上昇が、別の単語で起こる場合です（(D) の降昇調は 1 単語内で起こります）。**たいてい一番大事な単語で下降が起こり、最後で上昇します。**そのため、前半に一番大事な情報が含まれる文でよく使われます。

　分離降昇調では、最後の上昇はかなりはっきり響きます（(D) のような 1 単語内の降昇調では、上昇が微妙なこともよくあります）。分離降昇調の最後の上昇は、柔らかさや温かさとして伝わります。そのため慰めの表現などによく使われます。

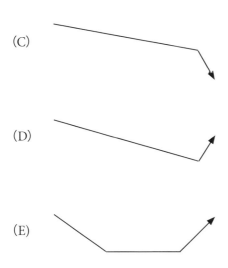

3 │ 音読法解説

本書を使って、BE らしく音読するための方法を解説します。

🇬🇧 つなげる

つなげられるところは、できるだけつなげます。英語ではつなげて読むのが自然なのです。ですが、日本人は一語一語分けて読んでしまうことが多いと思います。日本語ではそのほうがわかりやすいからでしょう。でも、英語は日本語の常識が当てはまりません。実際、途切れがちな英語は、ネイティブにすればわかりにくいのです。なぜなら、彼らはいつも、ひとまとまりごとに英語を聞き、そのかたまりで意味を理解しているからです。また、彼らの音感・リズム感からいっても、日本人式の途切れる発音は、ギクシャクして聞きづらいのです。

⬇ **DOWNLOAD_08**

・**as a cloud** ("Daffodils") ⇒ [əzəkláʊd] となります。さらに長いものでも
  同様につなげて、1 語のように読みます。

・**came up with a sieve** (*Peter Rabbit*) ⇒ [keɪmʌpwɪðəsív] となります。
「つなげる」は、英語らしい音読の基礎の基礎です。

🇬🇧 大きく長い高低差

英語、とりわけ BE は、音程の変化が大きいのが特徴です。**約1オクターブの高低差を普通に使います。**歌うくらいの高低差というわけです。日本語も、高低差を使います。たとえば箸 ハシ と橋 ハシ がそうですね。ただ、日本語の音域は狭いのです。高低差も小さめです。英語の高低差に比べると、かなり控えめな高低差なのです。だから、その高低差を英語に当てはめても、英語

は生き生きしてきません。歌うような思い切った高低差が必要です。

　高低差がもっとも顕著に表われるのが、トランスクリプションでの矢印の部分（トーン）です。特に右下がりの矢印＼（下降調）の現れるところです。この＼で、まさに1オクターブの高低差を付けます。

　トーンは、大きな高低差を伴うだけでなく、**長さも伴います**。ただし、英語の長さは、日本語の長さよりもはるかに長いのです。日本語では音が伸びる場合、「ー」を使って表します。でも、**英語の長さは、少なくとも「ーーー」（3倍）から「ーーーーー」（5倍）くらいはある**と考えてください。そこに、日本人の長さ「ー」を当てはめても、ネイティブの耳には、長いと感じられません。高低差のみならず、長さも大げさなのです。以下をご覧ください。

⬇ DOWNLOAD_**09**

　　・**just in t⌐ı⌐me** *(Peter Rabbit)* ⇒　日本語の「タイム」ではなく「ターーーイム」のつもりで。

　　・**into a c⌐a⌐n** *(Peter Rabbit)* ⇒　日本語の「キャン」ではなく「ケァーーーンヌ」のつもりで。

🇬🇧 三角（▷）を作る

「三角を作る」というのは、本書独特の表現です。短いひとまとまりの句を、最初は強く、徐々に弱く発音するということです。▷ のようにエネルギーが減衰していくのです。この三角内の句は、最初に強勢のある1単語のように発音します。内容語＋機能語（＋機能語）という組み合わせで起こります。日本人はこれらの機能語が強くなりがちです。それを自然な読みにするために、この ▷ の読みが大事なのです。(文字の大小の表記については p.30-31 参照。)

⬇ DOWNLOAD_**10**

・**part**of it ▷　(Winston Churchill's Speech)

⇒　「パートオブイット」ではなく「**パー**トヴィト」

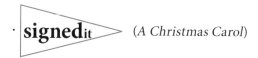 (*A Christmas Carol*)

⇒ 「サインドイット」ではなく「**サーインディト**」

 (*A Christmas Carol*)

⇒ 「セッドオブヒム」ではなく「**セードヴヘム**」

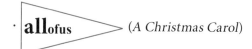 (*A Christmas Carol*)

⇒ 「オールオブアス」ではなく「**オーロヴァス**」

🇬🇧 固有名詞・キーワード・数字などはゆっくり

　物語では、人名や地名などの固有名詞がよく出てきます。どれも物語において重要な役割をはたします。だからこそ、**固有名詞は、特に初出時は、できるだけゆっくり、長く、はっきり読む**ようにしてください。さらに大きな高低差を付けるのも、際立たせる方法です。

　これはキーワードや数字でも同様です。キーワードは、ごく普通の名詞かもしれません。でも、物語に影響を及ぼす大事な情報です。また数字は、報道やノンフィクションでの情報伝達には欠かせません。これらもゆっくり、はっきり、時には大きな高低差を付けて読む必要があります。

⬇ DOWNLOAD_11

・**Scrooge signed it.**　（低めの声だが、ゆっくり。）

・**The Sign of the Four**

・**I confess that when first I made acquaintance with Charles Strickland**

（氏名は通常、後ろ側が強い。）

· **for I lived in the Palace of Sans-Souci where sorrow is not allowed to enter.**

（地名も通常、後ろ側が強い。）

タイトルの読み方

　タイトル・標題は物語全体（あるいは章や節）のまとめです。だから、それだけを聞いても意味がしっかりと伝わるような読み方をする必要があります。そのためには、全体をゆっくりはっきりていねいに読まないといけません。日本人が音読をすると、タイトルは安易に流してしまいがちです。まずは**タイトルを落ち着いてしっかり、大事に、明瞭に発音する**ようにしましょう。

　ただし、英語では、落ち着いてしっかり、大事に、明瞭に発音することは、内容語にのみあてはまることです。機能語は小さく、短く、あいまいに発音されます。

　また、タイトルはそれだけが単独で発音されるものです。自律性をともなって発音されないといけないのです。つまり、本文とは違うということがわかるように発音されないといけません。そのためには、前後に長めの間を空けることが必要です。

　また、タイトルを読む際は、高めの声ではじめることも必要です。出だしが高いということは、そこで話題が変わったことをほのめかします。（そのため、高めの声ではじめることは、場面が転換したとき、改行したときなどにもあてはまります。）

DOWNLOAD_12

· *A Christmas Carol*

· *Alice's Adventures in Wonderland*

· *The Sign of the Four*

· *The Moon and Sixpence*

4 ┃ 韻律には意味がある

　BE らしく音読するには、それにふさわしい韻律、つまりリズムとイントネーションが不可避です。

🇬🇧 英語のリズムは強弱

　英語のリズムは強弱です。それは多くの日本人も理解しています。しかし、その強弱に意味があることはあまり理解されていないようです。**強は大事な単語につくものです。そして弱は脇役の単語につくものなのです。**強弱はただ闇雲についているわけではありません。リズムは、コミュニケーションが効率よくできるようにするためのものなのです。

　ちなみに強となる単語は、**名詞・動詞・形容詞・副詞**などです。これらを総称して、「内容語」といいます。情報を伝える上で大事なものです。大事だからこそ、強となるのです。

　弱となるのは、**代名詞・助動詞・be 動詞・前置詞・冠詞・接続詞**です。文中の脇役となるもので、「機能語」といいます。存在感の薄い脇役なので、弱となるのです。

　英語にリズムをつけるとは、何を伝えたいのかを、まず自分が理解していることが前提です。相手を想定した音読では特にそうです。目の前にある英語を理解もせず、ただひたすら声を出して読むだけでは、リズムは生まれません。

🇬🇧 弱さは短さ

　日本人が強弱リズムを表現しようとする場合、強ばかりに意識が行ってしまいます。日本語では、発音の一部を弱めるという発想はありません。だから

仕方のないことではあります。

　ですが、**リアルな英語では弱は極めて大事**なのです。なぜならば、英語では強勢がない音節は、すべて弱い音節になるからです。**大雑把な言い方をすれば、英語の音節の半分は弱**だということです。ネイティブは、弱い音節を本当に弱として発音しています。とりわけ BE においては弱は徹底的に弱まります。

　では、英語の弱は、どう表現すればよいのでしょうか。それにはまず、弱の構成要素を知ることです。それは、1）声の小ささ、2）短さ、3）不明瞭さです。この「小さく、短く、あいまいに」をうまく表現できれば、英語らしい弱になるというわけです。

　理屈としては簡単そうです。でも、日本人には容易なことではありません。日本語は基本的にどの音節も等しい強さで発音するからです。発音の一部を弱めるという発想がありません。だから、英語のうまい日本人の発音でも、弱が十分弱にならないのです。残念ながら、そこに外国人らしさが出てしまうのです。

　BE は強弱の差が激しい英語です。だからこそ、**弱が本当の弱にならないと不自然**なのです。BE 発音での音読、とりわけ韻文の発音では、弱の扱いが大事です。

　弱を自然な弱にする感覚は、こんなイメージです。0.3mm の細書き用ボールペンで紙に点を打つ。軽く打つだけです。動かしてはいけません。すると極めて小さな点が残ります。点だから長さなんかないですよね。これが弱です。このイメージを頭に擦り込んでください。そして弱音節を見るたび、細書きボールペンで点を打つつもりで発音してください。

　小さな点を瞬間的に打つように発音するのです。ていねいに発音してはいけません。声を一瞬出すだけです。一瞬過ぎて、その母音が、アだとかイだとかが判別ができないくらいがいいのです。子音もじっくり出すのではなく、たとえば舌先が一瞬上歯茎とか上前歯の先端に触れるだけでいいのです。

　ただ、日本人としてはそんな発音ではわかりにくいのではないか、と思いますよね。心配いりません。ネイティブは皆そう発音しているのです。日本人のように、長くはっきり発音してしまうと、彼らには逆にわかりにくくなってしまう

のです。

　なお、本書では弱音節は小文字で表示しています。小さな文字を見たら、「点」
で発音するということです。

DOWNLOAD_13

　　・The Re**mains**of the **Day**　　　(*The Remains of the Day*)
　　・A**long** the **mar**ginof a **bay**　　　("Daffodils")
　　・The **eyes**of the **Ha**ppy **Prince** were **filled** with **tears**,　　(*The Happy Prince*)

［付帯説明］文字の大小表記

　英語はすべての単語を等しくはっきり発音すれば、よく伝わるはずだと思っ
ている日本人はたくさんいます。でも、これは正しくありません。英語は強弱
のリズムを正確に表現してこそ通じるのです。前のセクションで述べたように、
弱いところは弱めないといけないのです。

　そのために本書では、文字の大きさを変えて表記しています。強勢のない
音節（弱音節）は小さな文字で表わしています。本書ではこうして、実際の音
のイメージを視覚的にわかるように表現しました。

　その際、大小の境目をどこにするかという問題が起こります。通常、こういっ
たことは、辞書に出ている音節の分け方（分節法）にしたがいます。ですが、
それは必ずしも日本人にはわかりやすいものではありません。Dickens, hap-
pen, busy を例にしてみます。辞書の分節法にしたがって、文字に大小を付け
ると以下のようになります。

Dickens　　　　**hap**pen　　　**bus**y

　この表示の仕方は、日本人にはちょっとしっくりこないのです。なぜならば、
日本語の音節の感覚と、英語の音節の感覚にズレがあるからです。日本語で
の音節は、子音＋母音で1セットです。一方、英語での音節は、（強勢）母音
の前後に子音を引き寄せます。この分節法にしたがって、文字に大小を付けて
しまうと、日本人にはその表記が、上記のように読みにくくなってしまいます。

だからこそ本書では、はっきりとわかる、視覚的にわかるということを考えてみました。その方式で上記の単語を表わすと以下のようになります。

Dickens　　**ha**ppen　　**bu**sy

このほうが、日本人には何となくしっくりくるだろうし、読みやすいはずです。

🏴 イントネーションの意味は？

音読では、イントネーションの表現が極めて大切です。英語では、単語であっても文であっても、とにかく**ひとまとまりの発音単位**（「音調句」といいます。「音調」とはイントネーションのことです）**には、1つのイントネーションが付く**のです。1つのイントネーションにとって、絶対的に必要な構成要素はトーンです。トーンとは、大きな音程の変化です。**1つのイントネーションには、必ず1回トーンが伴う**のです。

　従来の英語音読の学習書は、母音や子音も扱いが十分とは言えません。イントネーションが扱われることはなおのこと少ないでしょう。

　ですが、上でも述べたように、英語を発するときには、たとえ単語であろうと、イントネーションが付くのです。文であったらなおさらです。だからイントネーションを意識しない英語は、英語らしく響くわけがありません。

　では、なぜイントネーションがそんなに重要なのでしょう。それは、**イントネーション（特にトーン）が、1音調句内で一番重要な単語を際立たせる**からです。トーンが付くところがもっとも重要だということです。ここが聞きどころだ、と示しているのです。

　日本人の英語は、全体に平坦です。お経のような響きになりがちです。これはつまり、聞きどころを示さないということです。相手に聞いてもらう意識のない英語に聞こえてしまうのです。ですから、コミュニケーションとして英語を学ぶのなら、あるいは意味の伝わる音読、文学作品の朗読をしたいのなら、イ

ントネーションをしっかり考えなければなりません。

🇬🇧 イントネーションの心臓部トーンはどこに？

では、イントネーションの心臓部、トーンはどこにつくのでしょう？

答えははっきりしています。音調句で一番大事な単語です。

ただ、ここで大きな疑問がわくはずです。どれが一番大事なのか、どうやって見抜くのかということです。音調句ごとにいちいち英文解釈して判断するのでしょうか？

いや、ほとんどの場合（だいたい 8 割以上の確率です）、実は瞬時に判断できるのです。それは、音調句の最後の内容語（の強勢音節）です。この位置は、英語では最重要語の指定席なのです。英語は最後、とにかく最後が大事ということです。だから、ここがトーンの定位置というわけです。トーンがこの位置に現れる現象を、僕は「句末原則」と呼んでいます。英語を聞くと、耳に残る単語があるはずです。実は、そのほとんどは、句末にあるものです。

（なお、最近は僕の著書以外でも、「句末原則」が扱われるようになってきました。ただし、この名前は使われていません。なにしろこの名称は、僕のオリジナルですから。実はこの現象自体は、言語学では昔から知られていたことです。ただ日本ではこれがあまり顧みられませんでした。日本では、やっと最近、この事象の大事さが認識されるようになったのです。）

例を見てみましょう。まず *The Tale of Peter Rabbit* (p.56) からです。

⬇ DOWNLOAD_**14**

(1) but Pet₍er₎ wri₍ggled₎ ➡ **o**ut | just in t**i**me, | lea₍ving his₎ j**a**₍cket₎ | be**hi**nd him.

4 つ目の音調句以外、すべて最後にトーンがついています。

では、第 4 音調句はなぜ最後の him ではなく、behind にトーンが付いてい

るのでしょう？　この音調句は、前置詞＋代名詞です。代名詞はまったく繰り返しの情報ですが、前置詞は新しい情報を伝えているからです（behind は場所の情報を伝えているわけです）。このように前置詞＋代名詞では、前側の前置詞が強くなります。

　次は *A Christmas Carol* (p.70) から。最初の 2 文です。

DOWNLOAD_15

　(2) ① **Marley was dead**: | ② to begin with. ③ There is no doubt whatever | ④ about that.

　(2)の②では、トーンが付くのは -gin です。with は句末にありますが、機能語です。内容語ではないので、トーンはつきません*。その結果、1 つ繰り上がった動詞（内容語）の begin にトーンを担うことはできません。④では、that にトーンが付きます。that は指示代名詞です。これは普通の代名詞 it より、指し示す力が大きいということです。つまり強調されるべき代名詞だということです。そのため that にトーンが付きます。

　＊ ただし少し強めに読みます。前置詞や助動詞などの後ろに省略がある場合、その省略をほのめかすため、前置詞や助動詞は強めに発音されます。Yes, I do. の do は典型例です。

▨ トーンの種類

　トーンには 4 つの種類があります。下降調・上昇調・降昇調・平坦調です。ごく基本的な単語を使って、この 4 つを練習しましょう。

A 下降調

　まずは下降調です。英語、とりわけ BE ではもっとも重要なトーンです。きわめて多く使われます。実際、上の例でも下降調ばかりでしたね。それほど頻繁に使われるのです。だからこそ、下降調のみをマスターするだけでも、BE らしさはかなり再現できます。

下降調の大きな高低差を再現するには、カラスの鳴き声の「カー」をイメージするのがコツです。

　また、下降調をはじめトーンが付く音節は、日本人が思う以上に長くなります。日本語では長くするとき「ー」と表記しますが、英語では最低でもその3倍「ーーー」くらいのイメージです。とにかく思いっきり長く、ゆっくり発音するように心掛けてください。

　では、基本的な単語で練習してみましょう。

DOWNLOAD_16

No!　　　**Car!**　　　**Right!**　　　**Yes!**　　　**Good!**　　　**Top!**

　日本語の「ハ\ᵢ（箸）」や「イ\ᵧ（囲碁）」「カレイ（鰈）」「チャーハン」なども下降調です。でも、日本語の高低差は、英語に比べたらはるかに小さいのです。

　英語では、**1オクターブ**（高いドから低いドの高低差）くらいの高低差が必要です。うたうレベルの高低差です。日本語ではこれだけ大きな高低差は使いません。それだけに、英語を英語らしく、とりわけ BE らしく発音しようと思ったら、歌をうたうくらいの音域が必要なのです。それだけ広い音域が使えれば、あなたの英語は途端に英語らしく響くようになります。

B 上昇調

　上昇調は、驚いた時に発する「ええっ？」の感じです。ただ BE においては案外現れる頻度は少ないトーンです。

　日本で教えられている英語は、AE がモデルです。AE では、上昇調が非常によく使われます。その結果、日本で BE を学ぶと、母音や子音は BE 風なのに、イントネーションは AE 風となってしまいがちです。日本では BE の母音や子音を扱った教材はたくさんあります。指導してくれる人も多くいます。ですが BE のイントネーションはあまり指導されていません。だからこうしたことが起こってしまうのです。

　ちなみに、AE や BE といった、英語の訛りを特徴づける大きな要因は、イ

ントネーションやリズムです。母音や子音はその音を含む単語でしか現れません。一方、イントネーションやリズムは話者が発する英語の最初から最後まで、全部にかかわってくるからです。

では、上昇調の練習です。1単語からなる疑問文のつもりで読んでみてください。

DOWNLOAD_17

No?　Car?　Right?　Yes?　Good?　Top?

ここに挙げたのは単語の例なので、BE でも聞かれることは多いでしょう。でも文となると、こういった単純な上昇調はあまり多く使われません。それを端的に表わすのが、yes-no 疑問文です。日本では「yes-no 疑問文は上昇調を使う」と習います。これは AE ではそのとおりですが、BE では必ずしもそうではありません。BE の yes-no 疑問文では、下降調をよく使います。たとえばこんな感じです。

DOWNLOAD_18

AE　Do you underst**a**nd?

BE　Do you underst**a**nd?

上昇調は優しく響きますが、下降調はきつく響きます。そのため英国人の先生に英語を習うと、その先生はなんだかきびしそうに感じてしまうものです。

ちなみに AE では、低く始めて徐々に上がっていく、なだらかな上昇調パターンが、yes-no 疑問に限らず、非常に多く使われます。そのためこの上昇調を使うと、AE の感じが出てしまいます。

最後に、本書で上昇調が使われている例を1つ紹介しておきましょう（p.127）。ただ本書で扱う英語の文のなかでも、明らかな上昇調は極めてまれです。

DOWNLOAD_19

'What, is he not so lid g**o**ld?' said the Sw**a**llow to him self. (*The Happy Prince*)

これは、セリフ＋ト書きの例です。この組み合わせでは、BE でも上昇調が使われることがよくあります。

　ところで、日本では「項目が続くときには上昇調を使う」と習います。でもこれも BE では必ずしもあてはまりません。*A Christmas Carol* の例を見てみます (p.70)。

　by の後ろに 4 つの項目が並んでいます。最終項目は終わりを示すので、下降調です。問題はその前の 3 つです。この 3 つは順に下降調、平坦調、降昇調です。**BE では、項目の羅列＝上昇調とは必ずしも限りません**（むしろこの例では、上昇調だけが使われていません）。

C 降昇調

　前ページで、BE では単純な上昇調はあまり使われないことを述べました。実は BE には、上昇調に代わる、やや込み入ったトーンがあります。英国人はむしろこのトーンをよく使います。それは降昇調です。降昇調は高く始め、いったん下がりきってから、最後にちょっと上がる、V 字型のトーンです。最後が上がるため、上昇調の一種ととらえることもできます。でも、BE らしさを出すためには、通常の上昇調とはしっかり区別して、降昇調を使うのがコツです（上述のように、上昇調はむしろ AE らしさを表わします）。

　実は降昇調は日本語にもあります。それがわかるとすぐ出せるはずです。たとえばこんな感じです。

　いつも朝の授業を 10 分遅れの 9:10 にやってくる教授がいます。あなたは授業前の 10 分で、教室でパンを食べることにしています。でも今日に限って教授は、なぜか 9:00 ちょうどにやってきてしまったのです。そんなときあなたは、手にパンを持ちながら、こう言うでしょう。

「ええ〜、もぉおぉ?!」

　この「もぉおぉ?!」の部分のイントネーションは紛れもなく降昇調です。

　では降昇調の出し方を詳しく見てみましょう。まず十分声を高めます。BE
では、声が裏返ってもかまいません。とにかくしっかり声を高めてください。
ここが上昇調との違いを表わす部分なのですから。そして大きく下降させて、
最後にちょっと上げます。声の上下動をしっかり表現するために、**他のトーン以
上にゆっくり、長く発音するようにしてください**。ここでは、発音の長さを表
わすために単語を横長に表記しました。

　ちなみに、降昇調は「なんだけど…」といった意味合いを伴います。そのため、
後に but が続くつもりで発音すると発音しやすくなります。

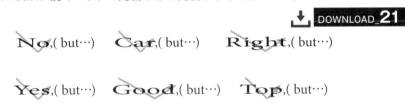

ところで BE での yes-no 疑問文は、下降調が多いと述べました。下降調以
外では、降昇調がよく使われます。これは、下降調を言うつもりで下げて、最
後だけちょっと上げれば完成です。つまり**基本は下降調**なのです。下降調の
最後にわずかな上昇が付くのです。yes-no 疑問文で、下降調または降昇調を
使えるようになると、あなたの英語はかなり BE らしく聞こえるようになります。

　なお、降昇調の最後の上昇が耳に残り、BE でも yes-no 疑問文で上昇調が
使われると思う人がいます。実際のところ、その多くは**降昇調**です。全体の音
程の変化は以下のように、まったく違います。

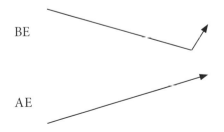

ところで、降昇調は 1 単語だけにかぶさるわけではありません。句とか文などの、単語の集まりにもかぶさります（これを「分離降昇調」と呼びます）。BE の響きは、AE に比べ、上下動が激しいと感じられます。それは、この降昇調や分離降昇調などが頻繁に使われるからです。

DOWNLOAD_22

That's right.

Don't worry.

Are you all right?

D 平坦調

　高く平らに発音するトーンです。基本的には、1）断定を避け、2）話が未完であることを表わします。だから平坦調を耳にしたら、続きがあると思ってかまいません。

DOWNLOAD_23

No… Car… Right… Yes… Good… Top…

　英語のイントネーション学習の世界では、比較的存在感の薄いトーンです。でも BE 発音の音読では、思いのほか平坦調は使われます。前セクションまでで、BE では上昇調があまり使われないと述べました。代わりに下降調や降昇調が使われますが、実はこの平坦調もよく使われます。とりわけ BE のニュースを聞くと、非常に頻繁に使われています。インテリの人が話す英語でもよく耳にします。一方、僕の印象では、庶民はあまり使わないようです（代わりに、降昇調がよく聞かれます）。

　本書でも上昇調より、はるかに多くの平坦調が使われています。p.70 の *A Christmas Carol* の例を見てみましょう。まず、burial を見てください。ここに平坦調が使われています。これは主部の終わりの位置です。次に続くもの（述

部）があることを示唆しているのです。

もう1つ例を挙げましょう。本文 p.80 の *The Sign of the Four* での1文です。

We kn**o**w that he did n**o**t come through the d**o**or, the w**i**ndow, or the ch**i**mney.

the door と the window と the chimney という3項目が並んでいます。the door で平坦調が現れています。p.36 でも述べたように、**BE では、項目の羅列を示すイントネーションで必ずしも上昇調を使うとは限りません。**

ちなみに、the window では下降調が使われています。まだ項目の途中なのにもかかわらずです。yes-no 疑問文でさえ下降調を多用する、BE らしいイントネーションと言えるでしょう。いずれにしても、「項目を羅列する＝上昇調」、というわけではないことがよくわかります。

なお平坦調は、上昇調と似た役割のトーンとして使われることがよくあります。でも実は1点、大きな違いがあります。平坦調はトーン全体が高いため、上昇調よりも際立ちが大きく、耳に残りやすいのです。英語、特に BE では、この性質を利用して、句の途中にある単語を際立たせることがよくあります。かなり声を高めて、平らに発するのです。本書では、この用法の場合、矢印ではなく直線で表わしています。下の not で表われています。

that **A**lice | had **not** a mo**ment** to th**i**nk | about st**o**pping herself

p.46 の *Alice's Adventures in Wonderland* の1節です。この not に、際立たせるための高い平坦調が付いています。句末ではなく、句の前のほうの部分を目立たせるときに、このような高い平坦調が使われます。

II.

作品音読

1 "Humpty Dumpty" from *Mother Goose*

「ハンプティ・ダンプティ」（マザー・グース）

① Hum_{pty} Dum_{pty} sat on a w**a**ll,

② Hum_{pty} Dum_{pty} had_a great f**a**ll.

③ All _{the} king's h**o**r_{ses} and all _{the} king's m**e**n

④ Could_{n't}put Hum_{pty to}get_{her a}g**a**in.

　ハンプティ・ダンプティが塀に座った

　ハンプティ・ダンプティが落っこちた

　王様の馬と家来の全部がかかっても

　ハンプティを元に戻せなかった

>> 音声分析

"Humpty Dumpty" from *Mother Goose*

　最初にイギリス民話マザー・グースから、「ハンプティ・ダンプティ」(1797) を音読してみよう。なお、*Mother Goose* の発音は [mʌðə gúːs]。

① Hum_{pty} Dum_{pty} sat on a w**a**ll,
　ハンプティ・ダンプティが塀に座った

　Humpty Dumpty の発音は [hʌm(p)ti dʌm(p)ti]。人名は句末原則にしたがう。後ろ側が強くなる。Humpty よりも Dumpty のほうが強いということ。ただ、強弱 2 段階のリズムで読む韻文では、同等の強さで読んでもかまわない。

なお、[(p)] というのは、発音してもしなくてもよいということ。ただ、日本人が
この [p] を発音しようとすると、字余りになる。リズムに乗れない可能性が出て
きてしまう。ごく弱く、短く発音して、唇を閉じることだけを意識すれば十分。

　sat の母音は [a]。うっすらと「エ」の成分の入った、ほんのわずかに長い、
強く響く「ア」だ。AE のような、「エ」の成分の強い、長くこってり響く [æ] で
はない。BE では、H<u>u</u>mpty D<u>u</u>mpty の強勢母音 [ʌ] との差が、実は非常に小
さい。**sat on a** で ▷ を作る。「**サ**トナ」と連結させて読む。**wall** は [wɔ́ːl]。
wa- は円唇が肝心。語末の [l] は「ル」のようなブツンと切れる発音ではない。
「ウー」のように長く伸ばして終わる。

② Hum_{pty} Dum_{pty} had_a great f**a**ll.

　　ハンプティ・ダンプティが落っこちた

　大きく 4 拍で読む。**had a great** は ▷ で読む。great は内容語なので、通
常なら 1 拍分の長さがあるはずだ。しかし①と同じリズムで読むため、great
は弱まる。

　fall は①の wall と韻を踏む。しっかり耳に残るよう、大きく長く発音する。
この fall と①の wall の母音は [ɔː]。現代 BE では、[ɔː] は唇を強めに丸めて発
音する。

③ All _{the} king's h**o**r_{ses} and all _{the} king's m**e**n

　　王様の馬と家来の全部がかかっても

　2 つの **all** と **horses** と **men** が強。**king's** は 2 つとも弱める（完全な弱
ではなく中程度の強さ）。こうすることで、全体で 4 拍になる。horses には平
坦調がつく。これで、まだ終わっていない、続きがあると示せる。

④ Could_{n't} put Hum_{pty} to_{gether} a g**a**in.

　　ハンプティを元に戻せなかった

couldn't は速く読む場合、1）[dn] を一気に「ンー」というように発音する（舌先を上歯茎に付けたまま動かさずに、鼻から息（声）を出す）。また2）最後の [t] を落とす。**put** は 4 拍リズムを作るために弱める（中程度に）。**together again** に、「つなぎの r」（p.20 参照）が現れている。またこの 2 語は、長い 1 語 togètheragáin のように発音される。なお again の強勢母音は、ここでは必ず [ε] を使うこと。日本人は again には [eɪ] を当てがち。だが、ここでは③の men と韻を踏む必要がある。また日常の英語でも、again では [ε] を使うほうが一般的。[ε] は口を大きく開けて発音する。そのため響きが「ア」に近くなる。together の下線部が「ギャ」のように聞こえるのも、口を大きく開けて発音するからだ。

ハンプティ・ダンプティ（Humpty Dumpty）は、マザー・グースに登場するキャラクター。たまごの形をしたキャラクターとして、広く知られている。W. W. Denslow（1856 -1915）の『マザーグース物語集』（1902 年）から。

『鏡の国のアリス』（Through the Looking-Glass, 1871）より、Sir John Tenniel（1820 -1914）が描いたハンプティ・ダンプティ。

2 Lewis Carroll, *Alice's Adventures in Wonderland*

ルイス・キャロル『不思議の国のアリス』

CHAPTER I   Down the Rabbit-Hole

① The rabbit-hole | went straight on | like a tunnel | for some way,

② and then dipped | suddenly down, | so suddenly

③ that Alice | had not a moment to think | about stopping herself

④ before she found herself | falling | down a very deep well.

⑤ Either the well | was very deep,

⑥ or she fell | very slowly,

⑦ for she had plenty of time

⑧ as she went down | to look about her

⑨ and to w**o**nder | what was g**o**ing to ha**pp**en n**e**xt.

⑩ F**i**rst, | she tried to look d**o**wn |

⑪ and m**a**keout | what she was c**o**ming to,

⑫ but it was too d**a**rk | to s**ee**anything;

⑬ th**e**n | she looked at the s**i**des of the well,

⑭ and n**o**ticed | that they were f**i**lled with c**u**pboards | and b**oo**k-shelves;

⑮ here and th**e**re | she saw m**a**ps | and p**i**ctures | hung up on p**e**gs.

ウサギの巣穴はトンネルのようにしばらくまっすぐ続いていましたが、

突然、縦穴に変わりました。あまりにも急な変わり方だったので、

止まらなくちゃと考える間もありませんでした。

気がつくと、深い井戸のようなところをどんどん落ちています。

その井戸が深いのか、それとも、アリスの落ちる速度が極端にゆっくりなのか、

落ちていきながら周りを見まわして、

これから何が起こるのかしらと考える時間が十分にあったのですから。

アリスはまず下を見て、

これからどこへ落ちていくのか確かめようとしました。

でも、暗くて何も見えません。

そこで今度は井戸の周りの壁を見てみました。

そこには食器棚や本棚がすき間なくぎっしりと並んでいるではありませんか。

それに、あちらにもこちらにも地図や絵がかかっています。

安井泉訳『対訳・注解　不思議の国のアリス』（研究社）より

>> 音声分析

Lewis Carroll, *Alice's Adventures in Wonderland*
Chapter I　Down the Rabbit-Hole

つづいて、ルイス・キャロル（1832-1898）の『不思議の国のアリス』（1865）の第1章「ウサギの巣穴に飛び込んで」を音読しよう。

Lewis Carroll　　[lùːɪs kár(ə)l]

Lewis の強勢母音は「ウ」ではなく長母音。**Carroll** の発音は carol（「聖歌」）と同じ。

Alice's Adventures in Wonderland

Alice's と **Adventures** は A- で始まる。だが、ふたつの A- が同音であるとは言えない。Alice's は A- に強勢があり、発音は [a] だ。一方、Adventures は強勢が -ven- にある。Ad- は弱音節となるので、この A- は [ə] になる。**Wonderland** の発音は [wʌ́ndəlànd]。出だしの [w] の円唇をしっかりと。第1強勢母音 -o- と第2強勢母音 -a- は音質が異なる。だが、これを区別するのは日本人にはかなりむずかしい。ただ -a- のほうは [ə] となることもあるので、あまり神経質にならなくてもよい。それよりも [w] の円唇と、第1強勢を十分強めることが大事だ。

CHAPTER I
Down the Rabbit-Hole

章題なので、ゆっくりと。とりわけ **Down** はゆっくり発話が開始されている。Down の後の the[ðə] は極めて弱い。細字ボールペンで点を打つ感じ。なお [n]

の後の [ð] は [n] に変わってもよい。**rabbit-hole** は名詞＋名詞の複合名詞。前側が強くなる。hole の発音は [hóʊl]。「ホール」 とならないように。

① The r**a**bbit-hole ｜ went strai**ght** **on** ｜ like_a t**u**nnel ｜ for some w**a**y,

　ウサギの巣穴はトンネルのようにしばらくまっすぐ続いていましたが、

　went は発音に注意。このような基本単語は日本語式の発音の癖が染み付いてしまっている。「ウエント」 では英語の口の動きではない。[wɛnt] では、まず [w] で円唇し、[ɛ] でしっかり大きく口を開く。[wɛ] ではかなり大きな口の動きがあるのだ。**on** は副詞なので強くなる。一気に力強く下降させる。

　tunnel は [tʌ́nl]。「タノー」 のように。**for** は聞こえないほど弱く。**way** では出だしの [w] でしっかり円唇。母音も二重母音 [eɪ] だ。後ろにブレーキとなる子音がなく、トーンも付くので長くなる。

② _and then d**i**pped ｜ su_ddenly_ d**o**wn, ｜ so s**u**ddenly

　突然、縦穴に変わりました。あまりにも急な変わり方だったので、

　down はかなり長い。二重母音が長い場合は前側が長くなる。[dáːʊn] の感じに。**suddenly**[sʌ́d(ə)nli] の -den- は、[dn] と発音してもよい。これは鼻から息を抜く「ンー」の感じ。第 3 音調句での suddenly は、いったん下げて、最後を上げる降昇調。これは大事な情報でありつつも、「次につづき (so that 構文の残り) が来る」 ことを示唆する。

③ that **A**lice ｜ had n**o**t_a m**o**ment to th**i**nk ｜ _about st**o**pping_herself

　止まらなくちゃと考える間もありませんでした。

　that は極めて弱く、細字のボールペンで点を打つように。**not** は強調され

ているため高くなっている。

　第3音調句では、**herself** は代名詞（＝機能語）なのでトーンは付かない。
stopping に下降調が付く。

④ beFore she **fo**undherself ｜ **fa**lling ｜
downa ve**ry** deep w**e**ll.

　　気がつくと、深い井戸のようなところをどんどん落ちています。

　日本人は主語の代名詞を強めがち。**she** を弱く短く発音する。その分、
found の出だしで声を高く上げて一気に下げる。その際、**herself** を含んだ
1語のように発音する。**falling** で物語どおり実際に落ちるような感じで、一
気に下降。第3音調句では、**down a very deep** まで、強・中・中・とい
うリズムで。最後にゆっくりはっきり下降。**well** は「ウェル」のようなカタカ
ナ読みにならないように。[w] の円唇、[l] の長さを意識する。

⑤ Ei**ther** the w**e**ll ｜ was ve**ry** d**ee**p,

　　その井戸が深いのか、

　either の ei- は、BE では [aɪ] が主流。若い世代では、[iː] と発音する人も
増えている。Either the は同じ [ðə] を繰り返す。ボールペンで点を打つように「ヅ
ヅ」という感じだ。**well** は下降の最後をわずかに上昇させている。続きがあ
ることを示唆している。**was** は口をあまり開けず「ゥヲズ」*。できるだけ短く。
deep でしっかり唇を横に引く。

　　＊「ヲ（を）」は、[wo] と発音する地域がある（ただし日本語では円唇はあまりない）。これ
　　を考慮し、[w] に続くときの「オ」を本書では「ヲ」と表すことにする。

⑥ or she f**e**ll ｜ ve**ry** sl**o**wly,

　　それとも、アリスの落ちる速度が極端にゆっくりなのか、

or を高くして、Either との呼応関係を示すこと。**fell** は次に何かが続くと示唆する降昇調。この音調句は、⑤の文と Either the well とリズムも揃え、韻を踏んでいる。**very** も **slowly** も基本単語なので発音が雑になりがち。[v][r][l] をしっかり発音する。また slowly の強勢母音 [əʊ] も正確に出す。

⑦ for she had plentyof tïme

時間が十分にあったのですから。

ここでは代名詞 **she** が強く、動詞 **had** は弱い。have は動詞でありながら、弱く発音されることがよくある。英語のリズムでは、強弱が交互に並ぶ。ここでは had が弱いので、1 つ繰り上がった she は強となる。have が動詞の場合、このように主語が代名詞でも、強く発音されることが多い。**time** はかなり長くなる。二重母音が伸びる場合、伸びるのは前側、[táːɪm] となる。

⑧ asshe went dⵔwn ｜ to lookabⵔuther

落ちていきながら周りを見まわして、

as she は両方弱く。as の [z] はそのあとの [ʃ] と音が似ているので、落とされる。結果、ほとんど弱い「アシ」という発音になる。**down** はトーンが付くため長い。

to look about her は、tolòokabóuther のような 1 語のつもりで。なお、前置詞＋代名詞はワンセットで発音される。強勢は前置詞に置かれる。両方とも機能語だが、2 語がセットとなることで情報量が増す。それでトーンが置かれるのだ。

⑨ and to wⵔnder ｜ what was goïng to happen nⵔxt.

これから何が起こるのかしらと考える。

CD やダウンロード音声を聴いていただければおわかりのように、デイヴ

さんはていねいに発音しているので **and** の [d] をここでは発音している。次に to の [t] が来るので、落ちるほうが普通。wonder では [w] の円唇に注意。-o- は [ʌ]。-der は短く。「ダー」と伸ばさない。what の wh- は [w]。母音は [ɒ]。こちらのほうが **wonder** の母音より口の開きが大きい。**was** や **-ing to** では極力口を動かさずに、短く発音するように。**next** では、声をいったん高めてから、急降下させる。母音は [ɛ]。口を大きく開ける。

⑩ F**i**rst, │ she tried to look d**o**wn │
　アリスはまず下を見て、

　First は最後を上げた降昇調でもよい。ただの下降調だと、「最初に」という情報を強調していることがわかる。**tried** は [tr] は「チュ」のように言うと、感じが出る。ここの二重母音は後ろが有声音なので長くなる。[aːɪ] のように。語末の [d] は、次の **to** の [t] があるので落としてもかまわない。**down** はもともと有声子音で終わっているうえ、トーンが付いているから -ow- は長くなる。

⑪ and m**a**keout │ what she was c**o**ming to,
　これからどこへ落ちていくのか確かめようとしました。

　make out はつなげて 1 語のように。前側に強勢がある。なお out の二重母音 [aʊ] の前側の母音要素は [æ] に近くなる。そのため、「メイキャウト」のように聞こえる。**what she was** は ▷ を作って発音。なお下線部はつながると [tʃ] になるため「チ」と聞こえる。**coming** の強勢母音は [ʌ] だが、ここでは [a] に近い。ネイティブもこの 2 つの母音の区別は時にはっきりしないことがある。**to** のあとは省略されている（what となって前に出ている）ため、強くなる。

⑫ but it was too d**a**rk │ to s**ee**anything;
　でも、暗くて何も見えません。

but it was はすべて機能語。「バティワズ」のように、さらっと、細字ボールペンで 3 つ点を打つ感じで。dark は口を大きく開けて下降させる。第 2 音調句でトーンが付くのは see だ。sée anything で最初の母音に強勢のある 1 語のように発音する。なお、ここでは句末の単語にトーンが付いていない。anything や something は代名詞（＝機能語）に近い名詞だからだ。そのため、1 つ繰り上がった see にトーンが付く。

⑬ then ｜ she lookedat the sides of the well,
　そこで今度は井戸の周りの壁を見てみました。

　まず then だけを下降調ではっきり発音している。場面（状況）が変わったことを示すためだ。sides of the well では sides にトーンが付いている。well（井戸）という情報はもうすでにわかっているからだ。新しい情報である sides を際立たせるためにそうなる。sides はトーンがついている上、有声子音で終わっているため、母音は伸びて [aːɪ] となる。なお、looked at the と sides of the は ▷ で読む。

⑭ and noticed ｜ that they were filled with cupboards ｜ and book-shelves;
　そこには食器棚や本棚がすき間なくぎっしりと並んでいるではありませんか。

　noticed の強勢母音は [əʊ]。接続詞 that はボールペンの点の発音で。the のつもりで発音すると短くできる。舌先を前に持っていき、[ð] をきちんと出す。「ザット」では音質も長さも BE からは程遠い。they はリズムの関係から強くなる。filled は際立たせるために高く平坦に。filled with でしっかり ▷ を作る。cupboards の発音は注意。[kʌbədz] となる。[p] は落ち、後半は極めて弱く短い。「カップボード」からは程遠い。英語では、無強勢の音節が弱く短くあいまいになることを示す好例。語末の [dz] はしっかり「ヅ」と発音する。book-shelves は複合名詞のため、前側に第 1 強勢。shelves で

は [lv] を滑らかに。[l] に「ル」を当てないように。

⑮ here and there ｜ she saw maps ｜ and pictures ｜ hung up on pegs.

それに、あちらにもこちらも地図や絵がかかっています。

BE では、二重母音が長母音化する傾向がある。**here and there** の2つの二重母音はその典型。それぞれ [ɪː][ɛː]。また **here and** では下線部につなぎの r が現れる。なお here and there も句末原則が当てはまる。there にトーンが付く。**she** などの代名詞の主語を、日本人は過度に際立つように発音しがち。抑えめに発音すること。**maps** の母音は [a]。わずかに「エ」の成分を入れた、口の前のほうの響きを持つ「ア」。**pictures** では、[p] でしっかり息をためてから強く破裂させること。日本語の [p] は弱いため、BE 感が出ない。-c- はほとんど「ッ」のつもりでよい。「ク」と言ってしまうと、[ku] となり母音も伴ってしまうためだ。-tures は短く。**húng upon** は「**ハン**ₐ**ポン**」の感じ。「ₐ」は鼻濁音。**pegs** は「ペッグス」では英語にならない。[p] はしっかり息をためてから出す。さらに母音の長さと音質に注意。有声子音で終わり、トーンが付くので、長く [pɛːgz] となる。[ɛ] では口を大きく開ける。

『不思議の国のアリス』は、イギリスの数学者 Charles Dodgson（1832 -1898, 写真下）が Lewis Carroll の筆名で書いた小説。幼い少女アリスが白ウサギを追いかけて不思議の国に迷い込み、さまざまなキャラクターたちと出会いながら冒険をつづける。

『不思議の国のアリス』の白うさぎ。
Sir John Tenniel 作。

3 Beatrix Potter, *The Tale of Peter Rabbit*

ビアトリクス・ポター『ピーター・ラビットのおはなし』

① Mr. McGregor | came up | with a sieve,

② which he intende(d) to pop | up on the top of Peter;

③ but Peter wriggled out | just in time,

④ leaving his jacket | behind him.

⑤ And rushed | into the tool-shed,

⑥ and jumped | into a can.

⑦ It would have been a | beautiful thing to hide in,

⑧ if it had not | had so much water in it.

⑨ Mr. McGregor | was quite sure

⑩ that Peter was somewhere | in the tool-shed,

⑪ perhaps | hidden | underneath the flower-pot.

⑫ He began | to turn them over | carefully,

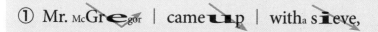

⑬ looking | under each.

⑭ Presently | Peter sneezed | —Kertyschoo!'

⑮ Mr. McGregor | was after himin | no time.

⑯ And tried | to put his footupon Peter,

⑰ who jumped | outofa window,

⑱ upsetting, | three plants.

⑲ The window | was too small | for Mr. McGregor,

⑳ and he was tiredof | running after Peter.

㉑ He went | back to his work.

マグレガーおじさんがふるいをもってやってきて

ピーターの上にばっとかぶせようとしましたが、

ピーターは寸前に上着を脱いで

逃げ出しました。

そして物置小屋に駆け込んで、

じょうろのなかに飛び込ました。

隠れるのにぴったりの場所だと思いましたが、

たっぷり水が入っていました。

マグレガーおじさんはすっかりお見通しでした。

ピーターは物置小屋のどこかにいるって。

ひょっとすると、植木鉢の底に隠れているかもしれないぞ。

おじさんはひとつずつ持ち上げて中をのぞき込みました。

まさにそのとき、ピーターがくしゃみをしました。「はっくしゅん！」

マグレガーおじさんがすぐにやってきました。

ピーターはマグレガーおじさんの足に踏みつけられそうになりましたが窓から外に飛び出して、

その際に植木を3鉢倒してしまいました。

マグレガーおじさんは窓が小さすぎて通れず、

ピーターを追いかけるのをやめて、

のら仕事に戻りました。

>>音声分析

Beatrix Potter, *The Tale of Peter Rabbit*

では、ビアトリクス・ポター (1866-1943) の『ピーター・ラビットのおはなし』
(1902) を音読してみよう。

Beatrix **P⬤**tter [bìətrɪks pə́tə]

ファーストネームは日本では「ベアトリクス」となっているが、BE では
[bíətrɪks] となる。

The **Tale**of **Pe**ter **R🔴b**bit

Tale は [téɪl]。これに of がつながるため、[téɪləv] という 1 語のように。
Peter Rabbit は名＋姓の組み合わせと考える。したがって句末原則が当て
はまる。

① Mr. McGre gor │ came up │ witha s eve,
マグレガーおじさんがふるいをもってやってきて

Mr. にはしっかり1拍を付ける。そして第1音調句全体を、ゆっくり2拍で丁寧に読む。初出の固有名詞はていねいに読むこと。**McGregor** は [məgrɛgə]。Mc-, Mac- は通常は [mək]。しかし McGregor のように次に [k][g] が来ると、[mə] となる。なお、-Gregor に降昇調がついている。ただし最後の上昇は控えめ。

came up は下線部をつなげて1語のように。強勢は後ろ。up は副詞で、come だけとは違う意味を与えるので大事な情報。そのため強く発音される。**sieve** は [sív]。母音は [ɪ]。短母音だ。スペリングに騙されないように。

② which he inTENde(d) to pOp │ uponthe tOpof PEter;
ピーターの上にばっとかぶせようとしましたが、

which は機能語なので弱くてよいはずだが、ここでは強い。次の **he** と **in-** の部分が弱く、その次に動詞の強勢音節 **-tend-** がきているためだ。こうすることで、第1音調句は、強・弱・弱・強・弱・弱・最強というリズミカルな並びができあがる。最後の **pop** では、語頭の [p] で唇をしっかり閉じる。そこから力強く破裂させる。母音は [ɒ] なので円唇も忘れない。

第2音調句では、まず **up on the** で ▷ を作る。**top of Peter** は tópofPèter のような、top に第1強勢がある1語のつもりで発音する。ここでは Peter が句末だが、トーンが付くのは top だ。この Peter は、him であっても問題はない程度の情報量だからだ。

③ but PEter wriGGled Out │ justin tIme,
ピーターは寸前に上着を脱いで

but は機能語なので弱い。だが、音が崩れるほど弱いわけではない。中程度の強さで読む。**Peter** の語頭の [p] は日本語のパ行子音よりはるかに強い。しっかり唇を閉じて息をため、強く、しかしゆっくり息を吐く。**out** は副詞で、**wriggled** にさらなる意味を加える。そのためトーンが付く。平坦調だ。まだ

文が終わっていない感じが出ている。最後の **time** は長く。有声子音で終わり、トーンが付くので強勢母音は伸びる。[táːɪm] の感じになる。日本語式の「タイム」では短すぎる。

④ leaving his j**a**cket │ be**h i** nd him.

　逃げ出しました。

　2つの音調句の間に区切れ目はない。しかし下降調が2度現れるので、2音調句に分けた。**behind him** では -hind にトーンが付く。前置詞＋代名詞では、どちらも機能語ながら、前置詞が強くなる。代名詞は繰り返しの情報。だから情報量はあまりない。一方、前置詞の部分は新しい情報だ。だからこそ前置詞にトーンが付く。なお behind の be- が [bə] となっている。英語では、弱音節の母音は弱まるため、音質があいまいになる。その結果、[ɪ] ばかりでなく、一番弱い母音 [ə] も現れうるのだ。

⑤ And r**u**shed │ in to the t**oo**ol-shed,

　そして物置小屋に駆け込んで、

　下降調を繰り返すことで、きびきびと歯切れよく話が展開している感じが出る。**into the** は in が強めで、-to と the は弱く短く。ここで小ぶりな ▷ を作っている。tool-shed は名詞＋名詞の複合名詞。前側の tool が強く長い。ただ -shed もかなり長い。決して「シェッド」という詰まるような感じではない。母音が伸びるのだ。1）-shed には第2強勢が付く、2）有声子音で終わっている、3）トーンのかぶさる単語の一部である、等の理由から母音 [ɛ] が伸びる。

⑥ and j**u**mped │ in toa c**a**n.

　じょうろのなかに飛び込ました。

　jumped は平坦調で、このあと何かつづくことを予想させる。**into a** も⑤

の into the 同様、小ぶりな ▷ を作る。ここは高く平らに。ここを際立たせるのは、飛び込んだ先が意外なものであることを示すためだ。**can** は日本語の「キャン」にならないように。ポイントは長さとそれに伴う高低差だ。can は有声子音で終わり、トーンも付く。その結果、母音 [a] は [aː] のように伸びる。高低差は 1 オクターブくらいを目指す。長さと高低差が変わると、本物の英語にだいぶ近づく。なお最後の有声子音 [n] では、舌先を上歯茎で付けて終わらせる。それが英語の [n] なのだ。

⑦ It would have b━en a ｜ beautiful thing to h━de in,

　隠れるのにぴったりの場所だと思いましたが、

　機能語が連続する場合、音が変化する。発音も聞き取りもむずかしい。特にここでは **would have** が厄介だ。この組み合わせ自体が、日本人にはなじみが浅い。しかも would have は [h] が脱落しやすく would've [wúdəv] となる。

　第 1 音調句はすべて機能語だ。しかし 1 つの音調句である以上、トーンがどこかに現れる。それは **been** だ。been ははっきりとした音形（「強形」と呼ぶ）で発音される。しっかり口を横に開いた [bíːn] という発音だ。

　第 2 音調句では、**beautiful, thing, hide** の 3 語が 3 拍でゆっくり発音されている。1 拍ずつ急がず丁寧に。beau- では円唇を、thing では [θ] を、しっかり意識すること。hide では声を大きく高めて、長く。これにより、hide はこの句の中の最重要情報であることが表現できる。なお、hide は in も続けて、hídein という 1 語のように発音する。

⑧ if it had n━t ｜ had so much w━ter in it.

　たっぷり水が入っていました。

　if it had は一気につながる。「イフィタド」のような感じだ（ただしデイヴさんは had の [h] を発音している。[ífithəd] だ。だが、この発音を真似よう

とすると、[t] と [h] の並びでもたつく可能性が高い。むしろ「イフィタド」と
発音したほうが、自然な発音になる）。

had so much では、so [sóʊ] を少し強めに発音する。そうすることで、
not から water までで強弱が交互に表れるようになる。**water** では出だしの
[wɒ] でしっかり円唇をする。とりわけ [w] では、唇を最小限にまですぼめ、
前に突き出す。これはゆっくり行なうのがコツ。ゆっくり行なうから、円唇を
しっかり形成できる。なお、日本語の「ワ」や「ウォ」は円唇がない（もしあっ
たとしても、英語の円唇には遠くおよばない）。口周りに緊張感もない。だか
ら即座に出せる。これらの音は、残念ながら英語の [w] とはかけ離れている。
water in it で ▷ を作る。**in it** は前置詞＋代名詞。この組み合わせは前側が
強くなる。しかも両者はつなげて発音するので、ínit となる。

⑨ Mr. McGregor │ was quite sure

マグレガーおじさんはすっかりお見通しでした。

ここでの Mr. McGregor は既出の名前なので、大きな高低差は不要。Mc-
Gregor はカタカナで表記すると「マグレガー」と最後が伸びる。しかし BE で
の語末の -or は [ə] のみで短い。ちょうど「隠れ家」のような響きとなる。た
だし「隠れ家」の最後の「ガ」は鼻濁音の「ガ」となるが、-gor は [gə]。

quite は「クワイト」ではない。上で述べたように日本語の「ワ」は円唇し
ないからだ。英語は [kwáɪt] だ。出だしでは、円唇を作りながら [k] を出す。
ゆっくり出すこと。sure は、現代 BE では [ʃʊ́ə] よりも [ʃɔ́ː] が主流。デイヴさ
んの発音 [ʃɔ́ːə] は、折衷的な発音だ。

⑩ that Peter was somewhere │ in the tool-shed,

ピーターは物置小屋のどこかにいるって。

接続詞 **that** は極めて弱い。the のつもりで発音すると、字あまりになり
にくい（とはいえ、その the も、細字のボールペンで点を打つ感じの the だ

が）。that は、このように従属節の前にそっと付けるものだ。**somewhere** の強勢は sómwhère で前側が強い。また **tool-shed** も同様の強勢パターン。 -where と shed を弱めることで、⑩は、強弱が交互に繰り返すリズミカルな文 になる。

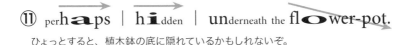

⑪ perh**a**ps ｜ h**i**dden ｜ un derneath the fl**o**wer-pot.

ひょっとすると、植木鉢の底に隠れているかもしれないぞ。

　perhaps, hidden ともに平坦調。考えながら話しているような感じだ。 perhaps は [pəháps]。hidden の -dden は [dn]。これは舌先を上歯茎に付け たまま、鼻から息（声）を抜けば出る。「ンー」という響き。舌を固定したまま で、一切動かさないのがポイント。

　flower の母音は [áʊə]。これが速く発音されると「アーワ」に聞こえる（なお BE では最後の [ə] は短いので、「アワー」のように最後を伸ばす音形はない。) また、-pot の [t] がしっかり発音されていることに注意。丁寧な読みの典型だ。

⑫ He beg**a**n ｜ to turn them **o**ver ｜ c**a**re fully,

おじさんはひとつずつ持ち上げて中を

　ここでは **He** が弱い。日本人の多くは、主語の代名詞を強く発音しすぎる。 弱い He を自然に言えるようになるのは、BE 音読では基本中の基本だ。

　第 2 音調句の **them** に注意。存在感がないほど弱まっている。実は、[n] に続く [ð] は、[n] に引きずられてしまう。[n] になってしまうのだ。それに非常 に弱い [əm] がつづく。[m] が [n] に似た音だということも、them の存在感を 薄める一因だ。しかも次につづくのは [əʊ] で、これまたあいまいな響きなのだ。 なお、them や him といった [m] で終わる代名詞は、音が崩れると [m] ぐら いしか残らないこともある。ちなみに、この **turn them over** のように、目 的語が何もないようにしか聞こえない場合、そこには them や him のような代 名詞がある可能性が高いということでもある。**carefully** の強勢母音は [ɛə]。

最近は長母音化して [ɛ:] が使われることが多い。いずれにしても口を大きく開けること。日本語の「エ」は口の開きが小さすぎるからだ。なお、carefully でいったん意味が切れるので、大きな下降調が付く。

⑬ lᴏᴏkₖₙₘ │ unₙₑᵣ eₐch.

のぞき込みました。

look の母音は [ʊ]。これは「オ」に近い響きを持つ。実際、デイヴさんの発音は「オ」に近く聞こえる。ちなみに長母音 [u:] は、これより強く円唇する。音質が違う。長さの問題ではない。だから記号も異なる。**under** と **each** はほぼ等しい強さとトーンで言っている。このように等しく強勢が付くというのは、後ろ側が強い（句末原則に従っている）という意味だ。ちなみに、日本の辞書では、第1強勢が2つ並ぶ句をよく見かける。例えば Brítish Télecom, Chrístmas Éve, Wéstminster Ábbey など。これらも実は後ろが強い（句末原則に従っている）ということだ。

⑭ Prₑₛₑₙₜₗᵧ │ Peₜₑᵣ snₑₑzed │ —Kertyschoo!'

まさにそのとき、ピーターがくしゃみをしました。「はっくしゅん！」

Presently [prɛnzntli] は降昇調。文頭にある、文修飾の副詞の典型的トーン。[pr] は同時に発音する。でも実は同時にするためには、1）まず [r] を準備しておく（舌を後ろへ引いておく）、2）唇を閉じる、という準備が必要。なお、-sen- は「ゼン」ではない。母音などいらないのだ。また [-tli] では [t] よりも [l] が優先だ。ここで [t] が落ちても通じる。一方、[t] は発音するものの、この [l] を [r] と発音してしまうと通じない（それでは、もはや BE ではないが…）。

sneezed では長さに注意。主語の Peter よりも2倍以上長そうだ。有声子音で終わり、トーンの付く語だから、長母音がさらに伸びたためだ。

Kertyschoo はクシャミの擬音語。辞書には出ていない。デイヴさんの読みに従えば、[kə:tʃú:] だろうか（スペリングから判断すれば、[kə:tɪʃú:] かも

しれない)。辞書に出ている単語としては kerchoo [kətʃúː] が近そうだ (ただし *Longman Pronunciation Dictionary* と *Cambridge English Pronouncing Dictionary* には出ていない)。発音辞典にも出ているもっと一般的な単語は achoo [ətʃúː] だ。いずれにしても擬音語なので、英国風のクシャミ (?) らしく再現できれば問題ない。

⑮ Mr. McGregor | was after himin | no time.
　マグレガーおじさんがすぐにやってきました。

　この文は途中で途切れず、3 拍リズムの文として一気に発音する。ただし軽い上昇調が 2 度現れている。そこで音調句は 3 つに分けた。強くなるのは -Gregor, after, no だ。**after** の強勢母音は [ɑː]。BE らしさを出そうとするなら、ここで大きく口を開けて喉の奥から声を出すこと。**no time** は形容詞＋名詞だが、前側が強くなっている。時間がかからなかったことを強調したいためだ。

⑯ And tried | to put his footupon Peter,
　ピーターはマグレガーおじさんの足に踏みつけられそうになりましたが

　前半では **tried** が際立っている。特に二重母音の長さに注目してほしい。有声子音で終わり、トーンが付くため、かなり長い [aːɪ] だ。「トライド」などではないことが明らかだ。なお、ここで tried が強調されているのは、結局 Mr. McGregor は Peter を踏みつけられなかった、ということをほのめかすためだ。

　第 2 音調句では、**foot** にトーンが付いている。Peter は him に置き換えてもいいぐらいの情報だからだ (でも him とすると、後続の関係代名詞節が使いにくくなってしまう)。fóotuponpèter という 1 語のつもりで発音する。

⑰ who jumped | outofa window,
　窓から外に飛び出して、

関係代名詞は機能語なので、弱く短く。**jumped** の出だしの子音 [dʒ] では、まず呼気をしっかり止めてから勢いよく出す。日本人の発音では、呼気のせき止めが弱くなりがち。これだと、息が漏れ出してしまい、摩擦音 [ʒ] になってしまう。なお、jump の母音は [ʌ] だ。**out of a** は ▷ を作る。**window** では、まず [w] の円唇をゆっくり丁寧に作る。-dow の母音は二重母音 [əʊ] だ。

⑱ ups**e**tting ｜ three pl**a**nts.
その際に植木を3鉢倒してしまいました。

　ここは 2 つの音調句とみなす。まず **upsetting** で降昇調。最後の上昇は極めて小さい。そのため下がりきらない下降調ともとれそうな降昇調となる。upset は [ʌpsɛt] だ。降昇調の下降は第 1 強勢 -set- からはじまる。なお up- は普通の声の高さではじめる。降昇調の最後の上昇は最終音節に付く。ここでは -ing ということだ。この降昇調は、まだ続きがあるということを示している。

　three の発音は要注意。なぜならばこういう基本単語は、カタカナ発音が根付いてしまっているからだ。丁寧に [θríː] と発音する。[θ] は、舌先を上前歯の先端に接触させるだけ。力は不要。[θ] が出たら、すぐさま舌先を引き込む。あわせて口を思いっきり横に引く。意識を口の前から、左右の口角へ移動させる。なお、デイヴさんは three をゆっくり発音している。ここで three とあえて書いてあるのには、作家の意図があるはずなのだ。たとえば「なんと、3 つも（倒してしまった）」ということだろう。そんな意図を表現するために、ゆっくり読んでいるのだ。

　plants の BE の母音は [ɑː]。今度は口を縦に開ける。どんなに速く発音できたとしても、それが通じないものであったら意味がない。まずはゆっくりでいいので、丁寧に正確な音を出すようにしたい。

⑲ The w**i**ndow ｜ was too sm**a**ll ｜ for Mr. McGr**e**gor,
マグレガーおじさんは窓が小さすぎて通れず、

　window は上昇調だ。上昇調は、強勢音節から始まる。つまり強勢音節自体は低いのだ。低いというのは際立たないということ。だからこそ、上昇調は新しい情報を伝えるときには向かない。ちなみに、BE では上昇調の使用頻度は低い。使われるとしたら、この例のように主語の位置がピッタリくる。なぜならば、主語は基本的に既知情報なので、際立たせる必要はないからだ。しかもその後に続き（述部）が来ることも示唆できるからだ。

　too は副詞なので、はっきり発音する。[t] で舌先に力を入れ、しっかり息をためてから、強く息を吐く。母音 [uː] では円唇をしっかり。ちなみに、前置詞 to はたいていの場合、弱く短く発音する [tə]。なので、両者の実際の発音はまったく違う。small では、母音 [ɔː] でしっかり円唇。しかも後続するのは有声子音 [l] で、トーンも付く。だから small はかなり長い。[l] 自体も余韻を残すよう長く発音する。ちなみに、第 3 音調句は情報量からいうと大きなものではない。全体としては、too small が耳に残るように表現したい。

⑳ and he was t**ɪ̄**red of ｜ run**ning** **a**fter P**e**ter.
　ピーターを追いかけるのをやめて、

　and he was は重要度が低いため、弱く素早く発音。次に tired で高い平坦調。平坦調は基本的には上昇調と似たものだ。だが、出だしが高くなる点で、際立ち度がまったく違う。この tired のように新しい情報を含んでいる場合、低いところからはじめる上昇調は不向きだ。なお、tired は [táɪəd] だが、有声子音で終わり、トーンが付くので母音が伸びる。このような三重母音の場合、伸びるのは第 1 要素だ。一方、第 2、第 3 要素は口を動かさないようにするため、まとまってしまう。結果、「ターヤ_ド」のような発音になる。決して「タイアード」ではない。なお、語頭子音 [t] も強く発音する。BE 発音では、これも忘れないように。

　第 2 音調句では **after** にトーンが付いている。**Peter** は him に置き換えてもいいような情報だ（ただ him だと Mr. McGregor も指せてしまう。この混

乱を避けるため Peter と表記している）。だから Peter にはトーンは付かない。**after** 自体は前置詞だが、run after で「追い回す」という新しい意味が生まれる（比較的文字通りではあるが…）。after には情報量があるということだ。だからトーンが付く。

㉑ He went｜back to his work.

のら仕事に戻りました。

　He は高く。直前に Peter があったので、それではないという仕切り直しの意味で、声を高める。his も同様で、Peter ではない別の人（Mr. McGregor）を指すからこそ、高めてある。また「仕事に戻る」という表現は、通常 go back to work だ。his 等の所有代名詞は付かない。その意味でも、ここに著者のなんらかの意図が込められている。デイヴさんもそれを表現するための読み方だろう。ではその意図とは？　Mr. McGregor はこの物語で Peter の「天敵」だ。その天敵が、こわい天敵であることをやめて、普段の（おそらくは平静な）仕事にもどる、ということではないだろうか。

　back to では ▷ を作る。to はボールペンで点を打つ要領。ところで、**work** の正確な発音は大丈夫だろうか。発音は [wə́:k]。BE の発音はカタカナの「ワーク」にかなり近い。ただし語頭の [w] はしっかり円唇する。なお walk は [wɔ́:k]、woke は [wə́ʊk]。BE でのこの 3 語の発音の違いはかなり微妙だ。だが、違いがわかるように発音し分けるのは、当然のことだということは忘れないでほしい。

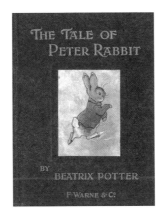

The Tale of Peter Rabbit 初版本（1902）

ニンジンを食べるピーター・ラ
ビット。

『ピーター・ラビットのおはなし』
から、ピーター・ラビットと家族。

4 Charles Dickens, *A Christmas Carol* (1)

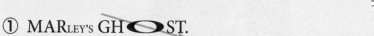

チャールズ・ディケンズ『クリスマス・キャロル』（1）

STAVE ONE.

TRACK 4

① MARley's GHOST.

② Marley was dead: to begin with.

③ There is no doubt | whatever | about that.

④ The register | of his burial | was signed | by the clergyman,

⑤ the clerk, | the undertaker, | and the chief mourner.

⑥ Scrooge | signed it:

⑦ and Scrooge's name | was good upon 'Change, | for anything | he chose to put his han(d) to.

⑧ Old Marley | was as dead as a door-nail.

第1章　マーリーの幽霊

マーリーは死んだ。何はさておき、

これを疑う余地はまったくない。

埋葬記録に署名したのは牧師、教会書記、葬儀屋、喪主だ。

スクルージの署名もある。

スクルージが何に署名したのであれ、その名前はロンドンの商品取引所で信用される。

かのマーリーは鋲釘のように間違いなく死んでいる。

>>音声分析

Charles Dickens, *A Christmas Carol* (1)

では、チャールズ・ディケンズ（1812-1870）の『クリスマス・キャロル』（1843）を2回に分けて音読してみよう。まずは冒頭部分から。

Charles Dickens [tʃàːlz díkɪnz]

人名なので句末原則にしたがう。Charles は日本語では「チャールズ」と言うこともあるが、語末の子音は [z]。姓も [z] で終わる。

A Christmas Carol

Christmas Carol は句末原則にしたがう。日本の辞書では Christmas に第1強勢があるように表記してあるので注意。Christmas を伴う名詞句には 1）Christmas が強い場合（Chrístmas càke、càrd、prèsent、trèe など）と2）後ろの名詞が強いもの（Chrìstmas Éve、púdding など）がある。外国人には厄介だ。なお、Carol は [kár(ə)l]「**キャロゥ**」だ。-l を「ル」で言うと字余りになる。

STAVE ONE.

名詞＋数詞は句末原則にしたがう。**stave**（「（詩歌の）節、連」）の発音は [stéɪv] で、**one** の発音は [wʌn] だ。one はゆっくり発音しないと正確な音は出せない。[w] で始まるので円唇する。日本人のほとんどは one を円唇させず

に発音してしまう。また [n] は、舌先を上歯茎に付ける。単なる「ン」では舌が付かない。最後に軽く「ヌ」を付けると、英語らしくなる。

① MAR~LEY'S~ GH◯ST
マーリーの幽霊

所有格＋名詞は句末原則にしたがう。**Marley** は [mɑ́:li]。多くの日本人が -ley を「レイ」と読むと思っているが、[li] だ。英国の服のブランド Laura Ashley も同様。**ghost** の母音は [əʊ] である。安易に「ゴー」と発音してはいけない。

② Marley ~was~ d◯ad: ~to be~g i n with.
マーリーは死んだ。何はさておき、

dead は口を大きく開けて、長く発音する。最後の子音が [d] のような有声子音だと、母音に伴う声が止まりにくくなる。その結果、母音が伸びる。最後の **with** は前置詞としては強めに読む。with の後ろは省略されていて、そのことを示すためだ。

③ There~is~ no d◯ubt │ what◯~ver~ │ about th◯t.
疑う余地はまずない。

There is でつなぎのrが現れている。doubt で1回下降させている。ただここでは声を途切らせず、すぐ次の **whatever** に移っている。whatever は否定語と結びついて、強い否定を表わす。強調するための単語なので大きく力強い下降調で際立たせる。直後は間も空ける。

④ ~The~ r◯gister │ ~of his~ b◯rial │ ~was~ s◯gned │ ~by the~ cl◯r~gyman,~

埋葬記録に署名したのは牧師、

　少しだけ話題が変わるため、新しい情報である register を下降調でしっかり発音する。**burial** [bɛriəl] には平坦調をかぶせる。これでつづきがあることがわかる。以下の 2 つの音調句は、下降調で新しい情報であることを示している。なお **clergyman** の発音は [klɔ́ːdʒimən]。-man ははっきり発音しないよう力を抜く。

⑤ the cl**e**rk, ｜ the **u**ndertaker, ｜ and the chief m**o**urner.

　　教会書記、葬儀屋、喪主だ。

　clerk の発音に注意。スペリングと異なり [ɑː] になる。ただし AE ではスペリングどおりの [ɚ:]。項目を並べるときは上昇調と言われる。だが、必ずしも機械的に上昇調が当てはめられるわけでないことがわかる。最後が下がらないトーンならば、後に続きがある感じが出る。

⑥ Scr**o**oge ｜ s**i**gnedit:

　　スクルージの署名もある。

　Scrooge[skrúːdʒ] で切れているので、全体で 2 音調句だ。ただ、ここでは Scrooge のみが新情報で、signed it は既出の情報。signed it の音調句は、情報量がないので声を落として発音するといい。

⑦ and Scrooge's n**a**me ｜ was goodupon 'Ch**a**nge, ｜ for **a**nything ｜ he chose to puthis h**a**n(d)to.

　　スクルージが何に署名したのであれ、その名前はロンドンの商品取引所で信用される。

　Scrooge's は既出の情報なので低いが、**name** はこの文のテーマを示す

ので高く際立たせている。name の後に切れ目はないが、name はかなり際立っ
ているので、いったん区切っておく。'**Change**（ここでは大文字なので「取
引所」）は下がらず、まだ次があることが示される。次の anything で急降下
している。この読み方から、⑦の **anything** までは、anything が最重要だ
ということがわかる。ここから「スクルージの署名は、取引所ではどんなもの
に対しても信用されている」という意味が浮かび上がる。

　he で始まる修飾節は一気に発音する。**chose** を高めて際立たせ、**hand**
で下降させる。**to** は以下が省略されている（anything が前に出ている）ため
強めに発音する。なお、put one's hand to とは「～に署名する、に着手する」
という意味。

⑧ Old M**a**rley ｜ was as dead as a d**o**or-nail.
　　かのマーリーは鋲釘のように間違いなく死んでいる。

　Old Marley は形容詞＋名詞で句末原則が当てはまる。第２音調句は切
れ目を入れないように。特に **was as dead as a** は、下線部をつなげる。
その際、dead だけに力を集中する。その前後は脱力。口の動きを最小限にして、
滑らかに発音する。なお dead は語末が有声子音なので、[ε]は長く「デーーード」
と発音する。決して「デッド」のようなつまる感じにはならない。**door-nail**
（鋲釘：ドアの飾りのために打ちつける釘）は複合名詞。前側の名詞が強くな
る。なお、BE での door は[dɔ́ː]。最後に「ア」は付けなくてよい。nail の[l]
は「ル」ではない。滑らかに長く消え入る「ヨー」のように。語末の[l]は、[iː][ɪ]
の後ろでは「ヨー」に近く響く。ちなみに、Old [óʊld] と door[dɔ́ː]では、母
音は同じではない。日本人は基本単語での音の区別があいまいになりがちだ。
でも BE では当然のごとく区別をする。

5 Charles Dickens, *A Christmas Carol* (2)

チャールズ・ディケンズ『クリスマス・キャロル』(2)

最終段落

① He had **no** | **fur**ther | **in**ter**course** | with Sp**i**rits,

② but lived upon the **To**tal | **A**bstinence Prin**ciple**, | e**v**er **a**fterwards;

③ and it was **always** | s**ai**d of him,

④ that h**e** | knew how to k**ee**p | Chris**tmas** w**e**ll,

⑤ if any man al**i**ve | pos**sessed** the kn**o**wledge.

⑥ May th**a**t be | tr**u**ly | s**ai**d of us,

⑦ **a**nd | **a**ll of us!

⑧ And s**o**, | as Tiny Tim obs**e**rved,

⑨ God bl**e**ss us, | E**v**ery **O**ne!

彼（スクルージ）はそれから精霊とまじわりをもつことはなかったが、

それから何事にも節制した生活を送った。

そして生きとし生けるもののなかで、

> 彼ほどクリスマスをいかにしてすばらしいものにするかを心得ている者はいないと常に言われるまでになった。
>
> われわれも同じように言われればいいが。
>
> われわれ全員そのように！
>
> タイニー・ティムが言ったように、
>
> 神はわれわれ全員を祝福してくれる。1 人ひとりを！

＞＞音声分析

Charles Dickens, *A Christmas Carol* (2)

チャールズ・ディケンズの『クリスマス・キャロル』の最後の部分を音読してみよう。

① He had n**o** ｜ f**u**rther ｜ **i**ntercourse ｜ with Sp**i**rits,

彼（スクルージ）はそれから精霊とまじわりをもつことはなかったが、

had はリズムを作るために弱く発音される。ただし聞き取れないほど弱まるわけではなく、中程度の強さだ。no は強調するため高い。発音は [nóʊ]。基本単語は正確に発音したい。further の強勢母音は [əː] だ。father [ɑː] とは口の開け方が違う。前者は口の開け方が小さく、脱力している。-ther の母音は短く [ə] と発音される。intercourse with Spirits には、実際の切れ目はない。ただ、下降調が 2 度使われているので、2 音調句とした。

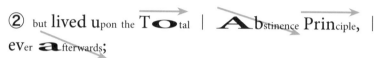

② but lived u**pon** the T**o**tal ｜ **A**bstinence Prin**ciple,** ｜ ev**er a**fterwards;

それから何事にも節制した生活を送った。

but を小さく表記したが、実際はそこまで弱くない。ただ次の lived に比べると弱いので、小さく表記した。lived upon the は ▷ を作る。

total は [tóʊtl]。強勢母音は二重母音。**Abstinece**（「節制」）の発音は [ábstɪnəns]。**Principle**（「主義」）は [prínsɪpl]。両者の下線部の弱い [ɪ] は決して「イ」のようなはっきりした音ではない。そのため「イ」と発音すると不自然。むしろ「エ」に近いごく短い音だ。また現代的な発音では [ə] でもよい。だがデイヴさんは保守的な BE らしい [ɪ] を使っている。なお Abstinence Principle は、名詞＋名詞の複合名詞。これは前側が強い。そのため下降調が Abstinence に付く。実はこの下降は、降昇調の前半。後半の Principle で平坦調が付いているが、これが降昇調の最後の上昇にあたる。最後の -ple は「ポゥ」のように。

ever は「エバー」というバランスではない。[évə] のように前側がむしろ長い。**afterwards** では出だしは [ɑː]。-wards は弱く短く [wədz]。決して「ワーズ」などではない。あえてカナ書きすれば「アーフタゥヲヅ」。

③ and it was **always** ｜ s**ai**d of him,
常に言われるまでになった。

and it was は下線部をつなげて、素早く。それに対して、**always** は声を高く大きくして、ゆっくり。**said of him** は ▷ を作り、急降下。

④ that h**e** ｜ knew how to k**ee**p ｜ Chris**tmas** w**e**ll,
彼ほどクリスマスをいかにしてすばらしいものにするかを心得ている者はいないと

that は弱く。そこでエネルギーをためて、he を力強く。**knew how to keep** まではさらっと。**Christmas** で声を高めて、テーマを伝え、**well** で下降させて、オチである well をしっかり伝える。

⑤ if any man **a**l**i**ve ｜ pos**sessed** the kn**o**wledge.
生きとし生けるもののなかで

if は接続詞（機能語）なので弱い。**any man alive** は、下線部を連結させ、ホップ・ステップ・ジャンプのリズムで。alive を長く [əláːɪv] と読むこと。ただし次に述部が控えているので、下降は小さい（次につながることを明確に表すために、下降の最後を軽く上昇させて、降昇調にしてもよい）。**knowledge** の強勢母音は [ɒ]。口をしっかり開ける。なお know は [əʊ]。また、-dge[dʒ] は舌先にしっかり力を入れる。いったん息をせき止めてから、力を入れて声をしっかり出す。日本人の発音では、まったく力が入らない弱々しい「シ」で終わりがち。

⑥ May th**a**t be ｜ tr**u**ly ｜ s**a**idₒfus,

われわれも同じように言われればいいが、

　前半は **that** に下降調が付く。**that be** で ▷ を作る。that は際立つように発音しているので、th- ([ð]) はきちんと出すこと。that の語末の [t] は、次の [b] の影響で落としてもよい。**truly** もしっかり発音する。tr- は「チュ」のように発音するのがコツ。said は「セッド」ではない。語末が有声子音 [d] なので、母音は長い。「ッ」は入れない。**said of us** で ▷ を作る。「セードヴァス」の感じだ。

⑦ **a**ₙd ｜ **a**llₒfus!

われわれ全員そのように！

　and はここでは強く。追加情報があることをはっきり示している。ただし次があることを示すため平坦調。**all of us** は ▷ を作る。「オーロヴァス」となる。なお all の母音は、しっかり円唇する [ɔː]。

⑧ Andd s**o**, ｜ ₐs Tiny Timₒbs**er**ved,

タイニー・ティムが言ったように、

And はやはり強い。ただし語末の [d] は聞こえない程度。**so** で下降調。母音は [əʊ]。デイヴさんは [oʊ] だが、これは昔風の音形。ただし日本人がよく使ってしまう [oː] は、田舎くさい発音になる。BE 発音を目指すなら避けたい。**Tiny Tim observed** はホップ、ステップ、ジャンプの形。下線部はつなげる。2 つの T は舌先に力を込め、息をしっかり止めてから強く吐く。[t] がしっかり響くこと、口に緊張感があることも BE らしさだ。

⑨ God bless Us, | Every One!

神はわれわれ全員を祝福してくれる。1 人ひとりを！

God は、有声子音 [d] で終わるため長い。母音 [ɒ] は、日本式の「ゴッド」のように短くはないし、「ッ」も入らない。God の [d] は、次の [b] の影響で聞こえなくなることもある。しかし母音 [ɒ] が長いため、ネイティブにはこれが Got と感じられることはない。**bless Us** の Us は、大文字で表記されているが弱形 [əs]。bless Us は ▷ を作り 1 語のように。**Every One** は 2 語で書かれていることから、それぞれの語をゆっくりと丁寧に発音する。Every の出だしは大きく口を開けてはっきり [ɛ]。One もしっかり口を動かして、[wʌn] と発音する。

A Christmas Carol の初版扉絵。

スクルージとマーリーの亡霊。

6 Arthur Conan Doyle, *The Sign of the Four*

アーサー・コナン・ドイル『四つの署名』
（「シャーロック・ホームズ・シリーズ」）

① "You will | not apply my precept,"

② he said, | shaking his head.

③ "How often have I said to you |
that when you have eliminated the impossible,

④ whatever remains, | however improbable, |
must | be the truth?

⑤ We know | that he did not |
come through the door, | the window, | or the chimney.

⑥ We also know | that he could not |
have been concealed in the room,

⑦ as there is no concealment possible.

⑧ When, then, | did he come?"

「きみが僕の教えを受け入れることはないのだね」とホームズは首を振って言った。「不可

能を排除していけば、まるでありそうもなくても、残ったことこそが真実に違いないときみに何度言ったかな？　扉からも窓からも煙突からも入れなかったことはわかる。隠れる場所がここにはないから、部屋のなかに隠れることはできなかったこともわかる。では、どこから来たか？」

＞＞音声分析

Arthur Conan Doyle, *The Sign of the Four*

つづいて、アーサー・コナン・ドイル (1859-1930) の Sherlock Holmes シリーズの 1 作『四つの署名』（1890）を音読してみよう。

Arthur **Co**nan **D**oyle

Conan Doyle は [kə̀ʊnən dɔ́ɪl] だ。Conan には [kɔ́nən] という読みもある。しかし Arthur Conan Doyle の場合、Conan は中にあるので、[ɑ̀ːθə kə̀ʊnən dɔ́ɪl]（強・中・最強）となる。Doyle は日本語式の発音「ドイル」では短すぎ。語末が有声子音で終わっていることに加え、トーンが付く。その結果、二重母音が伸びて [dɔ́ːɪl] となる。また語末の [l] は、[iː] や [ɪ] が先行すると、「ヨー」のように響く。そのため「ドーイヨー」に近い発音になる。

The *Sign* of the *Four*

Sign は語末が有声音なので、二重母音がやや伸びて [aːɪ] に近くなる。**Four** は [fɔ́ː]。four を「フォア」と発音する人がよくいる。だが、BE 発音としては「ア」は不要。floor や door も同類。

なお、ホームズの声は甲高く、早口だと言われている。ここでの読み方は、そのホームズの雰囲気を表している。

① "You **will** │ not apply my pr**e**cept,"
「きみが僕の教えを受け入れることはないのだね」

will を高く平らに。続きがあることを示唆する。**apply** の強勢母音は [aɪ] だが、直後にブレーキとなる子音がないので、伸びる。[aːɪ] となる。**precept**（教え、戒め）は [príːsɛpt]。-cept は第 2 強勢が付くほどではないが、はっきり目に発音する（そのため母音は [ə] などではなく [ɛ]）。

② he s**ai**d, │ sha**k**ing his h**ea**d.
とホームズは首を振って言った。

said と head は韻を踏む。ともに [ɛd]。[ɛ] は口を大きく開けた「エ」。日本語の「エ」では口の開きが小さすぎる。これに有声子音 [d] とトーンが付くことによって、[ɛːd] と長くなる。

③ "How of**ten** haveI s**ai**d to you │
that **when**you have eli**mi**nated the imp**o**ssible,
きみに何度言ったかな？「不可能を排除していけば、

often をデイヴさんは [ɔ́ftən] と発音している。BE ではこう発音する人も多い（AE でも -t- を発音する人はいる）。**said** は上でも述べたが、[sɛ́d]。スペリングにつられて二重母音のように発音しないように。また said は有声子音で終わり、トーンも付くので、実際は [sɛ́ːd] のように長くなる。**said to you** は sáidtoyòu という 1 語のように。

　第 2 音調句の that は、日本人が思うよりはるかに弱く短い。むしろ the のつもりで発音すると短くなる。**when you have** は ▷ で発音する。you も have も弱く短くすばやく。**eliminated** はとりわけ速く聞こえる。これは -li- 以外に弱音節が 4 つもあるためだ。弱音節は弱く短く発音されるし、ここでは強勢母音も短母音 [ɪ] であるから、非常に速く聞こえる。日本語式に「エリ

ミネイティド」と言っていては、間延びしてしまう。弱音節はできるだけ口を動かさないように。**the impossible** は 1 語のように切れ目なく発音する。theimpóssible という感じだ。デイヴさんはやや [ɑ] に近く発音しているが、強勢母音は [ɒ]。-si- は [sɪ] だがこれは「セ」というつもりで。[sə] でもよい。だが、間違っても「シ」を当てないように。-ble は「ボー」のように。

④ whatever rem**a**ins, │ however impr**o**bable, │ m**u**st│ be the tr**u**th?

まるでありそうもなくても、残ったことこそが真実に違いないと

whatever は [wɒtɛ́və]。通常、この発音表記のように、what- には強勢は付けない。しかしここでは、what- に第 2 強勢、-ever に第 1 強勢を付けて、2 拍で力強く読む。なお出だしの [wɒ] は、両音とも円唇を伴う音。しっかり唇を丸める。**remains** の re- は「リ」ではない。[ɪ] もしくは [ə] なので、はっきりした「リ」にはならない。

⑤ We kn**o**w │ that he did n**o**t │ come through the d**o**or, │ the w**i**ndow, │ or the ch**i**mney.

扉からも窓からも煙突からも入れなかったことはわかる。

not のうしろには発音上の切れ目はない。しかし、not までで 1 音調句とする。こうすることで not に下降調が付けやすくなる。しっかり下降させること。**come through the** は ▷ を作る。through は長くなりがちだが、弱く短く。舌先を前歯に当て「ツ」と音が出た瞬間、舌を引っ張り込むようにして、短く「ウ」と声を出す。辞書では [θruː](強勢記号がないことで弱形を示す)と出ているが、これだと長すぎてしまう。through もボールペンで点を打つ感じだ。**door** は平坦調。or は [ɔː]。four や floor と同類。続きがあることを示唆する。なお発音は [dɔː] だ。「ドア」のようにならないように。**window** では [w] の円唇と最後の二重母音 [əʊ] をしっかりと。**chimney** [tʃímni](煙突)では、語頭

の [tʃɪ] は唇を丸め、「チ」というより「チェ」に近く発音する。[m] は唇を閉じるだけ。母音を付けないように。そうすることで [ni] に滑らかにつながる。

⑥ We **also know** | that he could **not** | have **been** con**ceale**d in the **r⦿om,**

部屋のなかに隠れることはできなかったこともわかる。

この文は⑤と対をなす。第 1 音調句では新しい情報（単語）は **also** なので、ここに下降調が付く。álsoknòw という 1 単語のつもりで発音する。also も **know** も二重母音 [əʊ] だ。

have been con- は弱音節が 3 つつながるのだが、been はやや強まる。それにより not から -cealed までが強・弱・強・弱・強という並びになる。in the はつながって [ð] が変化（同化）する。弱くすばやい「イナ」。**room** の発音は [rúːm] が主流だが、BE では [rúm] もある。デイヴさんのここでの発音は、こちらのようだ。強い調子で発音しているので、勢いをつけて下降させる。

⑦ **as** there is **no** con**ceal**ment **p⦿s**sible.

隠れる場所がここにはないから、

as が強く発音されている。ここでは [ǽz] だ。強調されているため、通常の [a] ではなく、[æ] が使われている。**there is** は there's のつもりで弱く短く。**as there is** で ▷ を作る。**concealment**（隠れ場所）の -ment は聞こえないぐらい弱く短い。-men- は口を動かさずに出す。最後の -t は、次の [p] の影響で消えている。

⑧ Wh**e**n, then, | did he c**⦿**me?"

では、どこから来たか?」

When と **then** を、前に強勢のある 1 語のように発音する。出だしを高く

して、大きな下降を付ける。when の出だしは [w]。BE では wh は [w] が主流。ただしデイヴさんはここでは [wh] を使っているようだ。**did he** は前側に強勢のある1語のように。とはいえ did もかなり弱い。he の [h] は落ちている（h で始まる機能語は文の途中で使われると、[h] は落ちてよい）。**come** はかなり強い調子だ。高低差を大きくつけて下降させる。

Sidney Paget（1860 -1908）が描いたホームズとワトソン（*The Return of Sherlock Holmes* [1905]）より。

7 Winston Churchill, "We Shall Never Surrender" (1940)

ウィンストン・チャーチル首相スピーチ（1940）

① We shall defend | our Island,

② whatever the cost may be,

③ we shall fight | on the beaches,

④ we shall fight | on the landing grounds,

⑤ we shall fight | in the fields | and in the streets,

⑥ we shall fight | in the hills;

⑦ we shall never surrender,

⑧ and even if, | which I do not | for a moment believe,

⑨ this Island | or a large part of it | were subjugated | and starving,

⑩ then our Empire | beyond the seas,

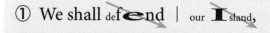

⑪ armed | and guarded | by the British Fleet,

⑫ would carry on the struggle,

⑬ until, in God's goo(d) time,

⑭ the New World, | with all its power | and might,

⑮ steps forth | to the rescue | and the liberation | of the old.

われわれはわれわれの国を守り抜く

どれだけの犠牲があろうと、

海浜で、

上陸地点で、

戦場で、街路で、

丘で戦い抜く。

われわれは断じて降伏しない。

万一 —— そのようなことをわれわれは一瞬たりとも信じないが ——、

本土の大部分が征服され、人々が飢えに苦しむことがあっても、

イギリス艦隊の兵力の援護を受けた海のかなたのわが帝国（英連邦）は、

権力と武力をすべて備えた新世界（アメリカ）が

旧世界の救済と解放に駆け付けるまで、

必ずや戦い抜くであろう。

Winston Churchill, "We Shall Never Surrender" (1940)

　では、イギリス首相ウィンストン・チャーチル（1874-1965）の 1940 年 6 月 4 日の演説を朗読してみよう。

Winston **Ch**u**r**chill

　Winston Churchill [wìnst(ə)n tʃə́ːtʃɪl] 、名前は句末原則に従うので、後ろ側が強い。-chill は「チォ」のように発音すると感じが出る。なお、このスピーチのタイトル "We Shall Never Surrender" の発音については、⑦参照。

① **We shall** def**e**nd ｜ our **I**sland,
　われわれはわれわれの国を守り抜く

　we と **shall** は通常弱く読むが、ここではそれぞれに 1 拍を与えている。そして **defend** に下降調を付けている。この 3 語で 1 音調句を形成する。以下、「we shall＋動詞」はすべて同じように 1 音調句を作っている。なお、shall は「シャル」のように「ル」を出すと字余りになる。「シャウ」のように発音するのがコツ。**Island** の発音は [áɪlənd]。

② **whatever** the c**o**st may **be**,
　どれだけの犠牲があろうと、

　whatever は [wɒtɛ́və] と発音される。BE では、wh- は [w] だけ。**cost** の発音は [kɒ́st]（デイヴさんの発音では [ɒ] は [ɑ] に近いため、[kɑ́st] と聞こえるが。whatever の下線部も同様）。**cost may be** は、cost に強勢のある長い単語のように。be には第 2 強勢があるつもりで。ちなみに be は機能語だが、

ここでは強くなる。これは、Yes, I can. の can が強くなるのと同じ現象。うしろにあるべきものが省略されると、機能語は強くなる。

③ we shall fight ｜ on the beaches,
　海浜で、

on the は弱く、短く。細字ボールペンで連続的に点を打つように。

④ we shall fight ｜ on the landing grounds,
　上陸地点で、

on the は③同様、弱く、短く。**landing grounds** は動名詞＋名詞で、前側が強くなる。landing の強勢母音は [a]、grounds は [aʊ]。

⑤ we shall fight ｜ in the fields ｜ and in the streets,
　戦場で、街路で、

in the は細字のボールペンで点を打つように弱く、短く。**fields**（ここでは「戦場」）の [l] は「ル」と言わないように。それだと発音の流れが止まってしまう。[l] は舌先を上歯茎に触れるだけ。そのまま舌を離さず、息をせき止めれば [dz] に移行できる。これにかぶさるトーンは降昇調。下降のつもりでまず発音して、最後に上昇を付ける。これで、次にまだ音調句がつづくことが示唆される。

次につづく音調句の **and** は中強勢程度だ。**in the** を従えて ▷ を作っている。**streets** の発音のコツは、1）[s] では力を抜き、細字のボールペンで点を打つようなつもりで発音する、2）-treets でしっかり声を出すようにする。なお、fields も streets も母音は [iː] だ。唇をしっかり横に引っ張ること。

⑥ we shall f**i**ght │ in the h**i**lls;

丘で戦い抜く。

　　hills[hílz] の発音は「ヘウズ」に近い。ネイティブの [hɪ] は、日本語の「ヒ」のような鋭い響きはない。日本語の「ヒ」は口の前のほうで出す音。一方、英語の [hɪ] はまさに「ヘ」の出し方に近い。こちらは口の奥側を使って出す音。「ヘ」よりも口を少し平たくして、力を抜いて発音すると [hɪ] が出せる。

⑦ we shall ne_{ver sur}r**e**_{nder,}

われわれは断じて降伏しない。

　　never も **surrender** も -er は [ə]。すっきりした短い「ア」を当てても問題はない。ただし、細字のボールペンで点を打つような短さが大切。とりわけ never ではこの短さが顕著。また、surrender の -ur- も短く弱い。

⑧ and e_{ven} **i**f, │ _{which}I do n**o**t, │
_{for a} mo_{ment} be**l****i**eve,

万一 ―― そのようなことをわれわれは一瞬たりとも信じないが ――、

　　ここは 3 音調句で読んでいる。2 番目と 3 番目の音調句のあいだには明確な句切れはない。でも **not** に明確な下降調が付いているので、ここまでを第 2 音調句と考える。**which** は [wítʃ]、小さく短く弱く。BE では「フ」ではじめない。また語末の -ch は I と連結させる。**for a** は「つなぎの r」を入れる。**moment** の強勢母音は [əʊ]。標準的な BE を目指すなら、この二重母音は必須。**believe** の弱母音はここでは [ə] だ。[ɪ] よりも弱まったものが [ə]。be- は、さらに弱まると母音も消え [b] だけになることも。

⑨ this **I**_{sland} │ _{or a} large p**a**rt_{of it} │ _{were} s**u**_bjuga_{ted} │
_{and} st**a**r_{ving,}

本土の大部分が征服され、人々が飢えに苦しむことがあっても、

or a はつなげて r も発音する。**part of it** は全部つなげて ▷ を作る。この行には **large, part, starving**（starve は「餓死する」）に [ɑː] が含まれる。口を大きく開けて喉の奥から声を出す。**subjugated**（subjugate は「征服する、服従させる」）の発音は [sʌ́bdʒəgèɪtɪd]。-b- は唇を閉じるだけのつもりで（はっきり発音しようとすると母音が入ってしまうため）。ここでのトーンは最後が少しだけ上がる降昇調。下降調でもよい。

⑩ then our **Em**pire ｜ be**yond** the s**eas,**

　　海のかなたのわが帝国（英連邦）は、

then は弱いが 1 拍分。**Empire** の出だしの [ɛ] では大きく口を開く。-pire[paɪə] は短く「パァ」ぐらいでいい。第 3 音調句ではトーンを持つのは **seas** だ。だが **beyond** を高く発音して、「海の向こう側」ということを強調している。

⑪ **a**rmed ｜ and gu**a**rded ｜ by the British Fl**ee**t,

　　イギリス艦隊の兵力の援護を受けて、

armed は平坦調で。次につづくものがあることを示唆している。arm も **guard** も母音は口を最大に開ける [ɑː]。**British Fleet**（イギリス艦隊）は形容詞＋名詞で名詞 Fleet にトーンが付いている。しかし英国民の士気高揚を意図しているため、British を高く発音してる。

⑫ would car**ry** on the str**u**ggle,

　　必ずや戦い抜くであろう。

would は「ウド」ではない。[w] が不可欠だ。[w] を出すにはしっかり円

唇する。**carry on**(「(…をがんばって)つづける」)の on は副詞(内容語)。[ɔ́n]
と強く読む。**struggle** の -gle ([gl]) は「ゴゥ」のように。トーンは struggle
に付く。ただし carry から徐々に下がっていくので、struggle は際立たない。

⑬ un**til, in** God's goo(d) **tⅰme,**

駆け付けるまで、

until in はつながっている (-til はトーンは付かないが強いので、母音を太
くした)。**God's good time**(「時節」、in God's good time で「時節が来
れば」)はすべて等しく強く読むのではない。強の連続は、その中で、さらに
強弱を生み出す。句末原則から逆算して判断する。最後が一番強い。その前
は弱い (中とする)。さらに前は強まる。強→中→最強のリズムとなる。ちなみ
に、God's good time は 3 語とも有声子音で終わっているので、母音は長め
に発音する。「ゴーヅグーッターイム」。なお、good time では録音どおり、[d]
を落として代わりに「ッ」を入れてよい。

⑭ the New W**o**rld, │ with**all**its p**o**wer │ and m**ⅰ**ght,

権力と武力をすべて備えた新世界 (アメリカ) が、

World(New World はここでは「アメリカ合衆国」)は次につながる降昇
調で。録音では速いが、うまく出すためにはゆっくり発音するとよい。**with
all its** はすべてつなげて発音。power の発音は [páʊə]。これが速くなって「パ
ワ」に近くなる。ただし最後は伸ばさない。

⑮ steps f**o**rth │ to the r**e**scue │ and the libe**ra**tion │
of the **O**ld.

旧世界の救済と解放に、

rescue(救済)と **liberation**(自由)で最後を上げることで、続きがあ

ること示唆している。old は下降調だが、高低差が小さく、声も消え入るようだ。この行では、大きな下降調の付いている **steps forth**（step forth は「前進する、前に進む」）の部分が一番大切な情報だとわかる。ここはどの音調句も、基本的に弱強の順で並んでいる。**to the, and the, of the** は、いずれも細字のボールペンで点を 2 つ打つイメージで。

Winston Churchill (1874-1965)

8 William Wordsworth, "Daffodils"

ウィリアム・ワーズワース「水仙」

TRACK 8

① I wandered lonely as a cloud |

② That floats on high | o'er vales and | hills,

③ When all at once | I saw a crowd,

④ A host, | of golden daffodils;

⑤ Beside the lake, | beneath the trees,

⑥ Fluttering | and dancing | in the breeze.

⑦ Continuous as the stars that shine

⑧ And twinkle | on the milky way,

⑨ They stretched | in never-ending line

⑩ Along the margin | of a bay:

⑪ Ten thousand saw I | at a glance,

⑫ Tossing their heads | in sprightly dance.

⑬ The waves beside them danced; | but they

⑭ Out-did the sparkling waves in glee:

⑮ A poet | could not bu(t) be gay,

⑯ In such a jocund company:

⑰ I gazed— | and gazed— | but little thought

⑱ What wealth | the show to me | had brought:

⑲ For oft, | when on my couch I lie

⑳ In vacant | or in pensive mood,

㉑ They flash | upon that inward eye

㉒ Which is the bliss | of solitude;

㉓ And then my heart with pleasure fills,

㉔ And dances | with the daffodils.

谷や丘の上高く漂う一片の雲のように

ひとりさびしくさまよい歩いた

突然目に飛び込んできたのは

一面に広がる黄金の水仙

湖畔に、木々の下に

そよ風に揺れながら、踊りながら

銀河の輝き

きらめく星々のようにとぎれることなく

果てることのない線を描き

入り江を縁取り

見たところ、1万はあるだろうか

軽やかなダンスに頭を揺らす

輝く波もかなわぬほがらかさで

波もかたわらでダンスを舞う

こんなにも陽気な仲間といられることで

詩人も陽気にならずにいられない

わたしは見る、ちらと見つめるが

この光景がどれほどわたしを豊かな気持ちにしたことか

しばしば長いすに横たわり

うつろな物思いに沈む時

水仙が心の目に鮮やかに浮かぶ

孤独の至福だ

そして心は喜びに満ちあふれ

水仙とともに舞う

＞＞音声分析

William Wordsworth, "Daffodils"

では、ウィリアム・ワーズワース（1770-1850）の詩、「水仙」を音読しましょう。

William W●rdsworth

William Wordsworth は [wìljəm wɔ́:dzwəθ] 。名前は句末原則が当てはまるので後ろ側が強い。ワーズワースの名前には 3 つ [w] が出てくる。[w] は円唇なしでは成立しない。しっかり唇を丸めるように。William は「ウイリアム」のような間延びした音ではない。[w] から一気に。Words- の母音は [ɔ:]。-worth の母音は [ə]。こう書くと単なる長さの差のように思えるが、1）長短差は日本語の枠を超えている。2）強弱の差も伴う。両音節は日本人が思うよりはるかに違って聞こえる。**daffodils** の発音は [dáfədɪlz] だ。後述するが、-dils には第 2 強勢を付けるつもりで発音する。

① I wandered lone**ly**as a cl●ud |

ひとりさびしくさまよい歩いた

wander（さまよう）は [wɒ́ndə]。デイヴさんの読みだと「ワンダ」に近く聞こえるが、[wɒ] は唇をしっかり丸めて、ゆっくり「ゥヲ」と発音する。**lonely as a** で ▷ を作る。行末の単語はすべて韻を踏むので注意。**cloud** は有声子音で終わり、トーンが付くので、母音が伸びる。[aʊ] のような二重母音では、前側が伸びる。[a:ʊ] となるわけだ。

② That floats on h■gh | o'er v▲les and | h■lls,

谷や丘の上高く漂う一片の雲のように

that は the くらいの長さで弱く短く。**high** は、語末に子音がなく（つまり声を止めるブレーキがないため）、そしてトーンが付いているので、母音が伸びる。[há:ɪ] となるのだ。「ハイ」では英語に聞こえない。**o'er** は over。単独での発音は [ɔ́:] または [óʊə]。ここでは前者だが、弱く発音されているため、弱

く短く [ɔ]。**vales and** で ▷ を作る。**hills** は④の daffodils の -dils と韻を踏むため、弱めに発音する。いずれも、続きがあることを示唆する平坦調。

③ When all_{at} ●nce │ I saw_a cr●wd,
　突然目に飛び込んできたのは

When は弱く [wen]、または [wən]。決して「ホエン」ではない。BE では wh- は [w]。また本書では短い「エ」は、[ɛ]（口を大きく開けた「エ」）と表記する。しかし、ここではそれほど口を開けないので [e] を使う。**all at once**（突然、いきなり）は 1 語のようにつなげて発音。once は「ゥワンツ」[wʌ́ns]。この o- は [w] を伴うので、円唇を忘れない。**saw a** は区切らず「ソーヮ」のつもりで。なお saw は [sɔ́ː]。スペリングにつられて二重母音だと思っている人が多いが、長母音だ。**crowd** は有声子音で終わり、トーンが付く。この結果、母音が伸びて [aːʊ] となる。

④ A h●st, │ of gol_{den} d●ffodils;
　一面に広がる黄金の水仙

host の母音は [əʊ]。日本語式の「ホスト」では BE にならない。daffodils は②の行末の hills と韻を踏むため、-dils にしっかり第 2 強勢を付けて、[dǽfədìlz] と発音したい。

⑤ Be_{side}_{the} l●ke, │ be_{neath}_{the} tr●es,
　湖畔に、木々の下に

Besides も **beneath** も出だしの be- は [bɪ]。はっきりした「ビ」ではない。**lake** は [léɪk] で、二重母音。語末は無声子音なので、直前の母音に急ブレーキをかけるようになり、その母音は短くなる。トーンは継続を表す平坦調だ。なお、基本単語は発音をあいまいにしている場合が多い。例えば lake を「レー

ク」と発音してしまっては、BE ではかなり訛った音形になってしまう。細かいところまで丁寧に発音したい。

⑥ Fl**u**ttering and d**a**ncing in the br**ee**ze.
　　そよ風に揺れながら、踊りながら

flutter（ひらひら翻る、はためく）の強勢母音は [ʌ]。この母音は短く、口の動きも小さい。しかし、**dancing** と **breeze**（そよ風）はそれとは対照的なので注意。dancing の BE での強勢母音は [ɑ:]。口を縦に大きく開け、長く。breeze は横にしっかり口を開いて長く。リズムとしては、下降調を 3 つ連続させて、小気味よく。なお、in にも 1 拍付けて、全体で 4 拍となる。

⑦ Con**ti**nuous as the st**a**rs that sh**i**ne
　　きらめく星々のようにとぎれることなく

1 音調句としては長そうだが、3 拍で、滑らかに一気に。**Continuous as the**（continuous は「絶え間のない、とぎれない」）の -tinuous as the で ▷ を作る。**stars that** でも ▷ を作る。特にこの that は the のつもりで。舌先を前歯に一瞬触れさせ、「ヅ」と弱く言う感じだ。**shine** は⑨の line と韻を踏む。どちらも有声子音 [n] の前の二重母音なので、長くなる。二重母音は伸びると前側が長くなるため、[a:ɪ] となる。日本人の感覚では、「シャーーーイン」ぐらいに伸ばすとちょうどよくなる。この長さが詩らしい余韻を生む。

⑧ And tw**i**nkle on the mil**k**y w**a**y,
　　銀河の輝き

twinkle や **milky** の [l] をカタカナ語の「ル」のように発音しない。これをすると字余りになる。字余りにならないためには、きちんとした [l] を使う。舌先を上歯茎に付けて「ゥ」と言う。「トゥインコゥ」、「ミゥキ」となる。なお、

twinkle、way の [w] はしっかり円唇させる。日本語式の「トィンクル」「ウエイ」では、どちらもまったく円唇がない。way の母音 [eɪ] は、後ろに子音がなく、トーンが付くので、とても長くなる。伸びるのは前側で、[eːɪ] のようになる。これと韻を踏む⑩の bay も同様。

⑨ They str**e**tched ｜ in ne**v**er-ending l**i**ne
　果てることのない線を描き

　They は軽く。**stretch**（広がる）は「ストレッチ」では 1 拍では言えない。「スチュエーッチ」の感じで発音する。**never-ending**（果てしない）で ▷ を作る。-end- は中強勢程度は付くものの、never より目立つことはない。**line** は⑦の shine と韻を踏む。二重母音はしっかり長く [aːɪ]。

⑩ Along the m**a**rgin ｜ of a b**a**y:
　入り江を縁取り

　margin（縁）の強勢母音は [ɑː]。しっかり口を開ける。**bay** は⑧の way と韻を踏む。長く [eːɪ]。

⑪ Ten thou sand s**a**w I ｜ at a gl**a**nce,
　見たところ、1万はあるだろうか

　saw I で声を途切れさせず、▷ を作る。「ソーアェ」のようになる。なお saw[sɔ́ː] ではしっかり円唇する。**glance**（ちらと見る）の BE の強勢母音は [ɑː]。次行の dance と韻を踏む。[ɑː] は、日本語の「ア」よりはるかに口の開け方が大きい。最大限に口を開け、さらに喉の奥から音を出す。

⑫ To ssing their h**ea**ds ｜ in sprightly d**a**nce.
　軽やかなダンスに頭を揺らす

toss の母音は [ɒ]。円唇を伴う最大の口の開きの「オ」。トーンの付く **heads** は発音に関しては要注意。母音は [ε]。あえてこの記号を使うのは、「エ」よりはるかに口の開きが大きいため。口に横型の名刺をはめ込めるくらい、口を大きく、四角く開く。しかも **heads** は有声子音で終わり、トーンが付くので、母音が伸びる。「ヘッズ」などではなく、[hέːdz] となる。**dance** の BE の強勢母音は [ɑː]。⑪の glance と韻を踏んでいることを意識すること。

⑬ The **waves** be**side**them d**a**nced; │ but th**e**y

波もかたわらでダンスを舞う

beside them の -side them で ▷ を作る。⑬は文が途中で切れている。これは they と、⑮の gay とで韻をそろえるためだ。they は強くはっきり読まれている。しかし、直後に区切りはなく、すぐ⑭につながる。なお、この⑬と⑭は、弱と強がきれいに交互に並んでいる。音読ではこのリズムを大事にすること。

⑭ Out-**did**the **spark**ling **waves**in gl**ee**e:

輝く波もかなわぬほがらかさで

Out- は通常なら強となるべきところだが (out-do[outdo] は「…にまさる、しのぐ」)、ここでは弱強リズムを構成するため、弱まっている。とはいえ完全に弱まるのではなく、中程度の強さだ。**glee** (in glee で「大喜びで」) ではしっかり [gl] を響かせる。BE ではかなり硬い感じの響きを伴う。[gl] をしっかり出すには、まず舌先に力を入れ上歯茎に当てる。[l] を準備しておいてから、その状態で [g] を言う。こうすると [gl] が出せる。また glee は語末に子音がなく、トーンが付くので、[iː] は極めて長い。ゆっくり読むこと。

⑮ A p**o**et │ could not bu(t)be g**a**y,

詩人も陽気にならずにいられない

poet の発音は [pə́ʊət]。ここでの not は弱めに発音する。**could not** を
ひとまとまりとして扱っていて、そこに ▷ が当てはめられているのだ。最後の
gay（陽気な）は、⑬の they と韻を踏む。後ろに響きを止めるような子音は
なく、トーンも付くので、[eːɪ] のように長くなる。なお、ここでの多くの単語は [t]
または [d] で終わっている。デイヴさんは詩の朗読らしく、poet の [t] はよく響く。
しかし **buṯ be** では、破裂音が連続し、発音しにくいため、[t] は落とされている。

⑯ In such‿a jo‿cund c‿o‿mpa‿n‿y:
　こんなにも陽気な仲間といられることで

　jocund（陽気な）の発音は [dʒɔ́kənd]。**company**（仲間）の最後の [i]
は、⑭の glee と韻を踏む。そのため company は [kʌ́mp(ə)niː] のようなつも
りで、-ny を長く発音したい。

⑰ I ga‿zed—｜ and ga‿zed—｜ but little th‿o‿ught
　わたしは見る、ちらと見つめるが

　gazed は有声子音で終わり、トーンが付くので、母音は [eːɪ] と長くなる。
thought の母音は [ɔː]。唇をしっかり丸めて出す緊張感のある母音。スペリ
ングにつられて二重母音と思ってはいけない。

⑱ What w‿e‿alth ｜ the show to m‿e ｜ had br‿o‿ught:
　この光景がどれほどわたしを豊かな気持ちにしたことか

　第1音調句は w- の頭韻を持つ単語が並んでいる。[w] は円唇をしっかり。
前行の thought と韻を踏む **brought** の母音も [ɔː] だ。スペリングにつられ
て二重母音と思わないように。この行は、弱強のリズムが整然と並んでいる点
にも注意したい。

⑲ For **oft,** │ when_{on my} couch_I l**ie**

しばしば長いすに横たわり

oft（often と同じ）の母音は [ɒ]。円唇したまま最大に口を開く。**when** の出だしは [w]。when 以下は一気に発音している。**when on my** で ▷ を作る。**couch** の発音は [káʊtʃ] だ。ネイティブの多くは [aʊ] を [æʊ] に近く発音する。よってこの単語は「キャウチ」という感じになる。それに I が連結する。**lie** の二重母音 [aɪ] は、後ろに子音がなく、しかもトーンが付くので、長い「アーェ」となる。

⑳ In v**a**_{cant} │ or _{in} p**e**n_{sive} mood,

うつろな物思いに沈む時

vacant（空虚な、うつろな）は [véɪkənt]。[kənt] はできるだけ弱く消え入るように。しかし語末の [t] は強く響かせる。**pensive**（考え込んだ、物思わしげな）の [p] は強く響く。しっかり唇を閉じ、口内の気圧を高めてから一気にしかもゆっくり息を吐く。vacant と対比されているので、ここにもトーンが付く。**mood** の [uː] はしっかり円唇。mood は句末にあるが、vacant と pensive が主役なので、抑えめに発音する。また mood は㉒の solitude と韻を踏ませるので、弱になってしまうほどには弱めない。

㉑ They fl**a**sh │ up_{on} that in_{ward} **e**ye

水仙が心の目に鮮やかに浮かぶ

第 2 音調句は弱強リズムを生み出すため、**up-** と **that** を弱めて発音する。ただしどちらも発音が崩れるほどには弱めない。**inward** は [ínwəd]。-ward はきわめて短く弱い。「ワード」などと発音しようものなら、BE 音読にならないので注意。**eye** の二重母音 [aɪ] は、後ろに子音がないので、かなり長い「アーェ」。直前の inward の -ward が短いだけに、より一層長く聞こえる。

103

㉒ Which is the bl**i**ss | of s**o**litude;

孤独の至福だ

　Which などの、wh で始まる単語の語頭子音は、BE では [w] のみ。[wítʃ] となる。「フィッチ」ではない。bliss（無上の喜び、至福）では b- に母音を入れてしまわないように。そのためには、1）唇を閉じる（[b] の準備）、2）**閉じたまま舌先を上歯茎に当てる**（[l] の準備）、3）口を開いた途端、-liss を発する。solitude（孤独）は [sɔ́lətjuːd]。この -tude が㉒の mood と韻を踏むので、しっかり発音する。なお -tude は [tuːd] とも発音できる。このほうが mood と近い音になるが、これは AE の響き。BE では [j] が欠かせない。

㉓ And then my heart with pl**ea**sure fills,

そして心は喜びに満ちあふれ

　弱強を繰り返すリズムで一気に。heart の母音 [ɑː] は口を最大に開ける。pleasure は [plɛ́ʒə]。[ʒ] は摩擦音なので息を止めない。息を漏らすように滑らかに出す。pleasure fills は、pléasurefills という、2 つの強勢を持つ長い 1 語のように。これは次行の daffodils との韻で、強勢のバランスを取るため。

㉔ And d**a**nces | with the d**a**ffodils.

水仙とともに舞う

　dances の母音は [ɑː]。㉓の with は弱だが、ここでの with は強で読む。リズムを作るためだ。また㉓の pléasure fills に合わせて、dáffodìls も同じリズムで読む。2 拍分の長さで、第 1、第 2 強勢を付けて発音する。

1798 年、*Prelude* を刊行した
頃のワーズワース。

晩年のワーズワース。

9 🎙 Somerset Maugham, *The Moon and Sixpence*

サマセット・モーム『月と六ペンス』

CHAPTER I

TRACK 9

① I confess | that when first | I made acquaintance | with Charles Strickland |

② I never for a moment | discerned | that there was in him | anything | out of the ordinary.

③ Yet now | few will be found | to deny his greatness.

④ I do not | speak of that greatness

⑤ which is achieved | by the fortunate politician | or the successful soldier;

⑥ that | is a quality | which belongs to the place | he occupies | rather | than to the man;

⑦ and a change of circumstances | reduces it | to very discreet proportions.

⑧ The Prime Minister | out of office | is seen, | too often, | to have been | but a pompous | rhetorician,

⑨ and the General | without an army |
is but the tame hero of a market town.

⑩ The greatness | of Charles Strickland | was authentic.

⑪ It may be | that you do not like his art,

⑫ but | at all events | you can hardly refuse it |
the tribute | of your interest.

⑬ He disturbs | and arrests.

第1章

　正直いって、はじめて会ったときは、チャールズ・ストリックランドが特別な人間だなどとは思いもしなかった。いまでは、ストリックランドの価値を認めない人間はいない。価値といっても、偶然の幸運に恵まれた政治家や、栄光を手にした軍人のそれではない。政治家や軍人の価値は、本人ではなく地位にあり、状況が変われば価値も変わる。肩書をなくした首相が口ばかり達者な小物だったり、軍服を脱いだ軍人が田舎の名士に落ちついたりする例はいくらでもある。だが、チャールズ・ストリックランドの価値は本物だ。たとえその絵を好きにはなれなくとも、無視することはできない。ストリックランドは人の心をひきつけ、かき乱す。

―――サマセット・モーム『月と六ペンス』（金原瑞人訳、新潮文庫）

> >音声分析

Somerset Maugham, The Moon and Sixpence

　サマセット・モーム（1874-1965）の『月と六ペンス』（1919）を音読してみよう。

So_{mer}set Maughm   [sʌ̀məsɛt mɔ́ːm]

Somerset は単独で発音されると [sʌ́məsɛ̀t]。-set に第 2 強勢がつく。姓名（名姓）の中では第 3 強勢となる。強勢記号を付けなくても、-e- をしっかり [ɛ] と発音することでそれは伝わる。なぜならば強勢がなければ、弱母音 [ə] などが使われるからだ。Somer- の発音は summer と同じ。**Maughm** の -augh- は caught、taught と同じ [ɔː]。円唇をしっかりする。スペリングに騙されて二重母音で発音しないように。

The Moon and Sixpence
月と六ペンス

sixpence の強勢は前側。-pence は弱く [pəns]。ちなみに、昔の貨幣単位では halfpence、twopence、threepence はそれぞれ [héɪpəns] [tʌ́pəns] [θrɛ́pəns] となる。ただし現在の貨幣単位、ならびに一般の数字＋単位の組み合わせでは、句末原則が適用される。例えば 6 ポンドは、sìx póunds となる。

CHAPTER I
第 1 章

句末原則が当てはまるため、I（One）にトーンが付く。[wʌ́n] は、[w] での円唇と、[n] での舌先が歯茎に触れることを忘れないように。これらをきちんと発音すると、時間が掛かる。その時間の長さが BE らしい one の響きになる。

① I conf**e**ss ｜ that when f**i**rst ｜
I made_{ac}qu**a**in_{tance} ｜ with Charles Str**i**ck_{land} ｜
正直いって、チャールズ・ストリックランドにはじめて会ったとき、

2 つある I（私）が、ともに弱めの発音であることに注意。日本式の発音では、I が高く長く発音されてしまう。さらっと低く発音する。接続詞 **that** も弱

くさらっと。the のつもりで細字のボールペンで点を打つように。一方、**when** は接続詞ながら強くなっている。that 節内の構造をしっかり表わしたいからだろう。唇をしっかり丸めて [wɛn] と発音する。なお [n] も、舌先を上歯茎に付けてしっかり発音する。日本語の「ン」は、舌先が付かないので、1) 音がはっきりしないし、2) 長さも短くなりすぎる。**first** には下降調のトーンが付いている。際立つ単語だけに、[f] や [əː] をきちんと出す。**ma̲de̲ a̲cqua̲in-tance**（知り合いになった）は下線部をつないで発音。made の母音は二重母音 [eɪ]。acquain- の部分は [əkwéɪn]。下線部は「クエイ」ではない。[w] が入っているのでしっかり円唇させる。

　Charles Strickland は人名なので、句末原則があてはまる。後ろにトーンが付く。ただし音声を聞くと、前側のほうがはっきり聞こえるようにも思える。これは次のような理由がある。1) 前側に [ɑːlz]（日本式発音だと「チャールス」という人もいるが、-s は [z]）という口を大きく開けてよく響く母音がある。2) 長い有声子音 [l] にさらに有声子音 [z] が続いている。3) 姓では、強勢母音 [ɪ] が無声子音に囲まれ短くなる。その結果、響かない。4) -land も強勢がないので [lənd] と短くなっている。字面では、姓は名より長いが、発音上は決して長くない。なお、Strick- は、まず音節の中心「イック」を練習。次に、[tr] をひとまとめにして、軽く前に付けて「チュイック」。最後に、[s] をそっと添加して「s チュイック」を練習する。エネルギーは [ɪ] だけに込める。「ストリック」では間延びしてしまい、英語にならない。

② I neverfor a **mO**ment ｜ disc**e**rned ｜
that **there** was **in** him ｜ anything ｜ outof the **O**rdinary.
　彼が特別な人間だなどとは思いもしなかった。

　I は軽く。**never for a** で ▷ を作る。for a はつなぎの r が入っている。**moment** は、強勢母音が [əʊ]、-ment も [ə]。口をあまり動かさずに出す感じになる。

　　anything で一気に下降。never と呼応して、否定が強く伝わる。**out of**

the は ▷ を作る。**ordinary** の発音は [ɔ́ːdɪnəri]。なお BE では強勢を 1 つで言うため、中程に 2 つある弱母音のいずれか 1 つ、または両方を落とすことも多い。その結果 [ɔ́ːdnri] も普通の発音。ちなみに AE では、長めの単語には 2 つ強勢を付けるので、[ɔ́ɚdənὲri] となる。

③ Yet n**o**w │ few will be f**ou**nd │ to de**ny** his gr**ea**t ness.
　　いまでは、ストリックランドの価値を認めない人間はいない。

now はかなり長い。二重母音が長いというのは、[aːʊ] のように前側が伸びるということ。同じ二重母音を持つ **found** も長い。ここは下降調だが、一番下まで下がりきっていない。はっきりとした降昇調とまではいかないものの、むしろそれに近い。**deny** の強勢母音も二重母音。これも長くなり、[aːɪ] となる。greatness の強勢母音も二重母音 ([eɪ]) だが、これは伸びない。後続の子音 [t] が無声子音だからだ。

④ I do n**o**t │ speak of that gr**ea**t ness
　　価値といっても、

not のうしろに区切りはない。しかし、前半では not が際立つので、ここで 1 音調句とする。-ness は強勢がないので [nəs]。はっきりした「ネス」ではない。

⑤ which is a ch**ie**ved │ by the for tunate po lit **i** cian │ or the suc cess ful s**o**l dier;
　　偶然の幸運に恵まれた政治家や、栄光を手にした軍人のそれではない。

which is は口をあまり動かさず、次の **achieved** まで一気につなげる。achieved にはトーンが付いているので区切りを入れるが、実際には区切って発音されていない。

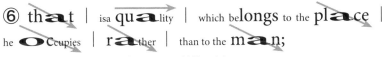

fortunate（幸運な）の -tunate 極めて弱く短い。特に -nate は [nət]。スペリングにつられた、「ネイト」のような長い音にはならない。**pòlitícian** は2つ強勢がある。そのあいだの -li- は [lə]。強勢に挟まれた母音は、前後でエネルギーが使われてしまうため、弱い母音にならざるをえない。第1、第2音調句は切れ目を入れずに、一気に読む。

or the は ▷ で。or は接続詞（＝機能語）なので強く読まないのが普通だ。しかしここでは、下降調で終わった長い第1、第2音調句の後ろには、まだ続きがある、と主張するために強形になっている。ただ「オア」ではなく [ɔː]。**successful** は [səksɛsfl]。中央だけに思いっきり力を入れて発音する。**soldier** は通常、[sɔ́ʊldʒə]（強勢母音は二重母音だ）。ただデイヴさんはスペリング通りの発音 [sɔ́ʊldiə] を使っている。これは少数派の発音。

政治家や軍人の価値は、本人ではなく地位にあり、

「まさにそれは」という意識なのだろう、**that** は強く、しかも長い。決して「ザット」のような短さではない。むしろ [ðɑ́ːt] という感じだ。[ð] もしっかり出すこと。

第2音調句の **is a** はつなげて素早く。**quality** は [kwɔ́ləti]。[kwɒ] は円唇が重要ポイント。[kw] は、実は [k] と [w] を同時に出す音。口を丸めて出す [k] と考えよい。それに、円唇しながら口を最大限に開ける [ɒ] が続く。

第3音調句の **to the** はすばやく発音される感じを意識してほしい。まさに細字のボールペンで点を2つ打つ感じだ。この第3音調句は、一気に発音している。それを実現するには、to the のような素早い手抜き発音が必須だ。

rather の強勢母音は BE では [ɑː]。この単語の前後を区切っている。ということは、rather はそれだけ際立つということだ。「その人自身よりも」と明確に言いたいからだ。第6音調句の **than to the** も非常に速い。特に than は、速く言うため母音を落としている。舌先を前歯にちらっと押し付けて声を出す [ðn] になっている。「ザン」などには絶対聞こえない。

⑦ and a change of **circumstances** | red**u**ces it | to **very** dis**creet** pro**pór**tions.

状況が変われば価値も変わる。

change の母音は二重母音 [eɪ]。**circumstances**（環境、状況）の発音は [sə́:kəmstànsɪz]。cir- で [r] が入らないように。大事な情報でありつつも次に続くものがあるので降昇調が使われる。**reduces it** は 1 語のようにつなげる。it は弱く、短く。弱い it は、英語らしさの基本。**propórtions** の強勢母音 [ɔ:] には、かなりの円唇が必要だ。一方、語頭の pro- は [prə]。[p] と [r] は同時に発音すると、BE らしいすばやさが出せる。[p] で唇を閉じた時点で、口内は [r] の準備をするのである。

⑧ The Prime M**i**nister | **out** of **o**ffice | is s**ee**n, | too **oft**en, | to have b**ee**n, | but a p**om**pous | rhe**to**r**i**cian,

肩書をなくした首相が口ばかり達者な小物だったり、

Prime Minister は形容詞＋名詞なので句末原則が当てはまる。下線部では [m] が連続するため、[m] は 1 つにまとめられている。その結果、後ろに強勢のある長い 1 語のような発音になる。なお、-ter は短く [tə]。ほぼ「タ」でよい。

is seen の下線部で [zs] と子音が並ぶ。同じ種類の音なので、1 つにまとめて発音する。まとめる際には、後ろ側が残る。ここでは [s] にまとめられるというわけだ。

第 5 音調句では、リズムを作るため **been** に強勢を付ける。強形（機能語の強勢のついた形）は [bíːn]。口をしっかり横に引いて出す。

pompous では、語頭の [p] で息をしっかりためて、口を丸めつつ息をしっかり出す。語頭の破裂音が強いのは BE らしさ。**rhetorician** [rètəríʃn]（修辞が巧みな人、大げさな表現を使う人）を日本人が発音すると、-to- が「ト」となる。間延びした音になりがち。[tə] は、[t] だけを出すようなつもりで発音

すると、間延びしない。この単語は、まず -rícian だけを練習する。そのあと、rhèto- を練習する。それぞれ言えるようになったら、2 つをつないで、ゆっくり 2 拍で発音する。

⑨ and the General │ withoutan army │
is but the tame hero of a market town.

　軍服を脱いだ軍人が田舎の名士に落ちついたりする例はいくらでもある。

　General [dʒɛ́n(ə)rəl]（軍人）は「ヂェヌロゥ」のように。出だしの子音は [dʒ]。これは息をしっかりためてから出す。日本語の「ジ」の感覚だと弱すぎる（そのために「ヂ」と表記）。[ɛ] は口を大きく開けて出す。日本語の「エ」では口の開きが小さすぎる。横向きの名刺が入るくらいに口を開ける（つもりで）。
　第 2 音調句は切れ目を入れずにつなげる。特に **an army** は anármy という 1 語のつもりで。なお army の強勢母音 [ɑ:] は、しっかり口を開ける。
　market town（市場町）は、名詞＋名詞の複合名詞。これは前側に第 1 強勢が来る。リズムとしては、強と中の 2 拍。market town の 2 つの「ア」は、日本語では同じ「ア」。しかし BE では、音質が違う。market は最大限に開ける [ɑ(:)]。town は、[æ] に近いベタっとした [a(ʊ)]。なおデイヴさんは丁寧に読んでいるため market_town の下線部の [t] を 2 回発音している。これは 1 つにまとめてしまっても問題ない。これによって発音が下品になるということもない。

⑩ The greatness │ of Charles Strickland │ was authentic.

　だが、チャールズ・ストリックランドの価値は本物だ。

　greatness や **Strickland** の下線部は、原形をとどめないほど弱い。「ネス」や「ランド」のような発音からは程遠い。
　authentic（本物の）は [ɔ:θɛ́ntɪk]。 au- は長母音。辞書などではここに第 2 強勢の記号は付いていない。だがしっかりとした長母音を出すためには、

第 2 強勢が必要。なお、au- のスペリングにつられて二重母音で発音しないように。また、次の音節 -then- では [θ] をきちんと出すこと。強勢音節なので、そこが際立つためだ。

⑪ It ₘₐᵧ b**e** | | ₜₕₐₜ you do not li̲ke ₕᵢₛart,

　たとえその絵を好きにはなれなくとも、

　It は通常弱いが、ここではリズムの関係で強くなっている。第 1 音調句は、強・弱・最強リズムだ。最後の **be** はトーンが付くので、長い。第 2 音調句は、全部を一気に言うつもりで。that は弱く短く「ヅ」程度のつもりで。**you do not** は 3 拍均等に。**like** にトーンが付いているので、まず like で声を高く上げて、その後は一気に下げる。第 1 音節に強勢のある líkehisart という 1 語のつもりで読む。Strickland は絵描きという前提だ。だから his art にはあまり情報量がない。一方、好きか嫌いか、ということは、ここでの新情報だ。だからこそ like にトーンが付く。

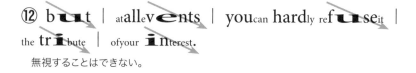

⑫ b**u̲u**t | ₐₜalle**v̲e**nts | youₒₐₙ hard𝓵ᵧ ᵣₑf**u̲u**seᵢₜ |
ₜₕₑ tri̲ˍᵦᵤₜₑ | ₒ𝒻your i̲nₜₑᵣₑₛₜ.

　　無視することはできない。

　but は機能語なので、ネイティブの発音では弱いことが普通だ。この but は、単独で 1 音調句を作り、力強い下降調だ。それだけ but を強調したいと伝わる。

　at all events（いずれにしても、とにかく）は最後に強勢のある 1 語のように。all [ɔːl] ではしっかり円唇する。また all は events と結びつき、[lɪ] という連結が生まれる。[l] はしっかり舌先を上歯茎に当てること。

　you can は ▷ で発音。**you** も機能語なので弱形でもよいのだが、リズムを作るために強まっている。**can** は [kən]。「クン」程度だ。「カン」とも聞こえなくもない。しかしそう表記すると、日本人の発音ははっきりしすぎてしまう。「カン」であっても、小さく短くあいまいに発音しないと、BE らしさは出

ない。

refuse it は1語のように。tribute（現れ、表示）はまず [trɪ] を確実の出せるように。[tr] は 1 つの「チュ」という音ととらえる。特に BE では、[t] と [r] という別々の音を並べたのではなく、1 つの音というイメージが強い。tribute は「チュイビュート」のように発音すると、字余りにならない。of your はつなげて「オヴョ」。BE の your は弱くても [jɔ(:)] のようになる。interest の下線部は、BE では [tr] になるのが普通。「インチュエスト」。

なお、you can hardly refuse it the tribute of your interest. は、「それ（his art）に対しては、人は興味を示さないわけにはいかない」ということ。refuse O₁, O₂ で「（人）に（もの）を与えない、抑える」という意味。

⑬ He disturbs ｜ and arrests.

彼は人の心をひきつけ、かき乱す。

動詞 2 つは、ゆっくり、声を低めて発音している。この言い方で聞き手には、この 2 語が印象に残る。これも単語を強調する方法。強調は、必ずしも声を大きくするばかりではない。なお distúrb（かき乱す）の強勢母音は [ɔː]。口を大きく開けずに発音する。arrésts（ひきつける）の強勢母音は [ε]。こちらは口を大きく開けること。また、2 語をつなぐ and は強め。disturb は大事な情報なので下降調を使ったが、それで終わりではなく、まだ続きがあると伝えている。

10 Kazuo Ishiguro, *The Remains of the Day*

カズオ・イシグロ『日の名残り』

TRACK
10

① The following day | brought | several more guests

② and with two days yet to go | to the start of the conference,

③ Darlington Hall was filled | with people of all nationalities,

④ talking in rooms, | or else | standing around,

⑤ apparently | aimlessly,

⑥ in the hall, | in corridors | and on landings,

⑦ examining pictures | or objects.

⑧ The guests | were never less than courteous to one another,

⑨ but | for all that, | a rather tense | atmosphere,

⑩ characterized | largely by distrust,

⑪ seemed to prevail at this stage.

⑫ And reflecting thisunease,

⑬ the visiting valets ｜ and footmen

⑭ appeared to regard oneanother ｜ with marked coldness

⑮ and my own staff

⑯ were rather gladto be too busy ｜
to spend much time withthem.

　つぎの日には、さらに多くのお客様がお見えになり、会議の開始を二日後に控えたダーリントン・ホールは、あらゆる国籍のお客様でいっぱいになりました。それぞれに、お部屋で語り合ったり、とくにこれといった目的もなく広間や廊下に立ち、その辺の絵画や置き物をながめたりしておられました。お客様どうしは互いに慇懃な態度で接しておられましたが、やはり、この段階では意識のどこかに相互への不信があったためでしょう、お屋敷中に緊張した雰囲気がみなぎっておりました。この不安定な空気を反映して、お客様の従者や下僕どうしにはなにやら反目し合うようなところが見られ、ダーリントン・ホールの召使たちは、忙しくてその人々と顔を突き合わせる暇がないことに、むしろほっとしておりました。

――カズオ・イシグロ『日の名残り』（土屋政雄訳、早川 epi 文庫）

＞＞音声分析

Kazuo Ishiguro, *The Remains of the Day*

　では、ノーベル文学賞受賞作家、カズオ・イシグロ（1954- ）の『日の名残り』（1989）を音読しよう。

Kazuo Ishiguro, *The Remains of the Day*

Kazuo Ishiguro の英国流の発音は、[kàzuəʊ ɪʃɪgúərəʊ]。Kazuo は第 1 音節に強勢がつく。第 2 音節 -zu- での子音は [z] だ。これを [dz] で発音しても問題ないが、英語では必ず摩擦音の [z] を使う。なお Ishiguro を単独で発音すると、第 1 音節の I- に第 2 強勢がつく。フルネームの場合、I- は第 3 強勢となる（これはちょっと強めに読めばよいということ）。

タイトルは 2 拍でゆっくり読む。-mains of the で ▷ を作る。

カズオ・イシグロの文（sentence）は長めだ。それだけに、どこで区切るかしっかり意識して読まないといけない。なにしろ、一区切りの単位（音調句）は意味理解ならびに意味伝達の基本単位なのだ。音調句がきちんと区切れていれば、相手に文意をきちんと伝えられるということだ。とりわけイシグロの作品のように1文が長いものは、きちんとした区切りが必須だ。

しかし、文章をわかりやすく届かせるためには、ただ区切ればいいわけではない。ただ間を入れればいいわけではないのだ。間を入れるタイミングを示す道具立ても必要となる。「お、ここで間が入るんだな」というサインだ。それは何か？

間が入るサイン、それこそが句末原則であり、トーンなのだ。ネイティブの聞き手は、トーンのあるところで意味がまとまること、そしてそこに大事な情報が来ること、を感覚的にわかっている（実際には普通のネイティブは、こういうことを意識しているわけではない）。だから、音読をする側も、そのルールにしたがう必要がある。そうすることで、聞き手にとってわかりやすい音声表現ができる。

①  The following day ｜ brought ｜ several more guests

つぎの日には、さらに多くのお客様がお見えになり、

day に降昇調が付くことで、次に続きがあることが示される。なお降昇調

は声の上げ下げが忙しい分だけ、長くなる。だからこそ、降昇調はゆっくり発音すると出しやすい。**brought** の母音は [ɔː] だ。スペリングにつられて二重母音としないように。**several** は「セヴォゥ」くらいのつもりで発音すると、字余りにならない。**more** に下降調が付いている。おそらくこの文の前には、前日にすでに客が来ていたという話があったはず。その前提だと、下降調が付くべき新しい情報は more となる。

② and with two days yet to go │ to the start of the conference,
会議の開始を二日後に控えた

with が聞こえないほど弱い。「ゥ」程度しか聞こえない。実はリアルな BE ではこのようなことが頻繁に起こる。and も弱いのだが、with が極めて弱いので、**and** は大きく表記した。**go** で降昇調が起きている。次につながっていることを示すトーンだ。一応、区切りは入れたが、音声上は切れていない。**to the** と **of the** は細字ボールペンで点を打つつもりで素早く。ネイティブには、点を打つようなリズムが聞こえたら、それは機能語だ（大事ではない）と伝わる。

③ Darlington Hall was filled │ with people of all nationalities,
ダーリントン・ホールは、あらゆる国籍のお客様でいっぱいになりました。

この **Darlington Hall** では、Darlington のほうが高いが、Hall が強いことがわかる。地名類は句末原則にしたがうのだ。**with** はここでも極めて弱く短く。円唇と同時に舌の先を一瞬、上前歯に当てるとよい。**people of all** は区切れ目を入れずに「ピーポロヴォゥ」。ただし [p] は力を込めて。**nationalities** の後半 -nalities は、AE なら「ネェアラディーズ」のようにこってり長くなる。しかし BE では [nálətiz]。全体に短い。[t] は [t] のままで。[tiz] も短く。

④ talking in rooms, │ or else │ standing around,
それぞれに、お部屋で語り合ったり、

119

talking の [ɔː]（-l- は発音しない）も **rooms** の [uː] も、円唇を伴う母音だ。or else の下線部はつなぎの r を入れてもいい。ここは次があることを示唆するため上昇調だ。**standing around** の下線部は [ŋə]、つまり鼻濁音でつながる。-round は二重母音＋有声子音 2 つ、さらにトーンが付くので長く発音する。

⑤
とくにこれといった目的もなく

　appárently の強勢母音は [a]。[ɛə] という発音もある。日本人学習者のなかには -tly を [tri] と発音してしまう人がいる。recently や fluently などでもよく聞かれる。だが、その発音の間違いは BE 以前の問題。L と R の区別は英語においては絶対だ。なお、-tly が言いにくい場合は、[t] を落として言うことは可能。[t] と [l] は舌の位置が同じだ。[l] で舌を上歯茎に押し付けることで、[t] の舌の動きをしたことにできるのだ。apparently は降昇調。一方、**aimlessly** は高低差の少ない下降調だ（十分下がりきっていないため、最後が十分に上りきらない降昇調とみなすこともできる）。どちらも、まだ続きがあることを示唆する。ちなみに降昇調は、高低変化が多くなる分、発音が長くなる。そのため、この apparently のように、文頭や文の途中で単語を強調したいときも使われる。

⑥ in the **hall,** │ in co**rridors** │ and on la**ndings,**
広間や廊下に立ち、その辺の

　in the は弱まると「イナ」くらいでよい。**hall** の母音は [ɔː]。しっかり円唇して長く。実際の BE では、かなり強く円唇する人がいる。また [l] も長く。**corridor** の発音は、第 2 強勢のある [kɔ́rɪdɔ̀ː] または第 1 強勢のみの [kɔ́rɪdə]。デイヴさんの発音はこちら。**and on** では、and の -d は落ち、それが on とつながっている。on は強い。前 2 つの項目が in だったため、ここは in ではない、と示すため。**lándings**（階段の踊り場）の強勢母音は [a]。

なお、ここでは 3 音調句とも下降調。日本では、項目を羅列するときは上昇調を使う、と習うことがある。しかし BE のイントネーションは、項目が並んでも、必ずしも上昇調にならない。

⑦ exAmining pictures ｜ or objects.
絵画や置き物をながめたりしておられました。

exámining の強勢母音は [a]。ちなみに exámple は [ɑː]。似たようなスペリングだが母音が異なる。だが、AE はいずれも [æ]。BE ならではのむずかしさだ。**pictures** では語頭の [p] をしっかりと。また -ct-[kt] の子音連続は、言いにくい場合、[k] を「ッ」に替えるとよい。特に関西出身の人は、[k] が [ku]となりやすいので注意。**or objects** では下線部につなぎの r を入れてもいい。またこちらの下降は、高低差が小さく、弱々しい。pictures に比べ具体性を欠く表現なので、控えめな言い方になったのだろう。

⑧ The guests ｜ were never lessthan courteous to oneanOther,
お客様どうしは互いに慇懃な態度で接しておられましたが、

guésts, **néver**, **léss** の強勢母音は [ɛ]。大きく口を開ける「エ」。**courteous** は [kɔ́ːtiəs]。BE では、この court- を [kɔ́ːt] と発音することも。なお、**less than** は前に強勢のある 1 語のように。**than** は [ðn] のように母音を入れないで、舌を上前歯裏に一瞬押し付けるだけでいい。**one another** は [wʌ́nənʌ́ðə]（「ワナナヴァ」）。[w] の円唇と [ð] での舌先の動きをきちんと表現すること。実は、この表現は一種の代名詞だ。なのでトーンは付かない。その前の **courteous** が、この音調句での最後の内容語となるので、トーンが付く。one another はそれにしたがう機能語なのだ。

⑨ but ｜ for all that, ｜ a rather tense ｜ atmosphEre,
やはり、お屋敷中に緊張した雰囲気が

but は機能語なので、本来は弱くてよい単語だ。次の **for all that** も「それにもかかわらず」という意味。同じような意味のものを並べた but for all that は、逆接を強調したいのだ。だからこそ but も強い。なお for all にはつなぎの r が現れている。また all that の高低 2 段階の平坦調は、BE でよく聞かれる。これは降昇調の変化形とみなせる。

ráther の強勢母音は [ɑː]。しっかり口を開けること。次の **tense** の [t] は非常に強い響きだ。舌先に力を入れ、息をしっかりせき止めてから、息を強くしかしゆっくり吐くとよい。また母音 [ε] はしっかり口を大きく開ける「エ」。日本人の口には、力もなければ、大きな動きもない。一見簡単そうな tense の発音は、BE らしさを表現するには、易しくない。**atmosphere** の発音は [átməsfɪə]。

⑩ ch**a**racte**rize**d │ large**ly** by dis**tr**u**st,**
　意識のどこかに相互への不信があったためでしょう、

characterized は平坦調。まだ言い終わっていない感じが伝わる。なお、characterize は BE では characterise とも表記するが、ここでは -ze。発音は [kárəktəràɪz]。[a][ə][aɪ] など「ア」の仲間の母音がいくつも入っている。さらに **largely** は [ɑː]、**distrust** は [ʌ]。この 1 文は、「ア」の見本市だ。日本人には微妙な違いだ。ただとりわけ [ɑː] は BE を特徴づける響きなので、しっかり口を開けて、出せるようにしたい。

⑪ seem**ed** **to** pre**vail** **at** this**st**a**ge.**
　この段階では、みなぎっておりました。

全体的につながる。日本人は 1 語 1 語切り離して読もうとするが、英語はつなげて読むのが自然。**seemed to** では [d] を落とす。なお、pre- は「プ」のように聞こえる。決して「プリ」には聞こえない。「プリ」では字余りになってしまう。実際には [p] と [r] は同時に発音する。舌をそらせた [p] なのだ。そ

れに [ə] をつなげる。**vail at this stage** は、4 語をつなげる。まず vail at の連結。at this で [t] を脱落。this stage で、[s] を1つにまとめる。

⑫ And ʀₑflecₜᵢₙg thisun**◐**ase,

この不安定な空気を反映して、

reflecting では [r] と [l] を正確に。[r] は舌を後ろに引き、[l] で前に出す。**this unease** は、thìsunéase といった感じの 1 語のように。unease にはトーンが付いている。強勢のある -e- から下降し、最後にわずかに上がる。降昇調だ。まだ後に続く感じが伝わる。

⑬ the Vᵢsᵢₜᵢₙg va◗ₗₑₜₛ │ and f**◐◐**otₘₑₙ

お客様の従者や下僕どうしには

valet（[貴人の身のまわりの世話をする男性の] 近侍、従者、召使）は [váleɪ] というフランス語風の発音で読んでいる。他に [válɪt] という発音もある。**visiting valets** は、valets に強勢がある。句末原則に従っている。ここから、この句は形容詞＋名詞とわかる。visiting が動名詞の場合、vísiting càrd（名刺）のように前側が強い。**footmen** の発音は [fʊ́tmən]。単数形の footman も同じ発音。英語では、強勢のない母音は、スペリングに関係なく、[ə] になろうとする。それがよくわかる例。

⑭ appearedₜₒ ʀₑg**◗**rd one◗noₜₕₑᵣ │ with marked c**◐**ldₙₑₛₛ

なにやら反目し合うようなところが見られ、

appeared では下線部にエネルギーが集中する。[p] でいったんしっかり息をためて、強く息を吐く。**regárd** と **márked** の強勢母音はともに [ɑː]。しっかり口を開けて喉の奥から。なお marked はもともと過去分詞だが、「際立った」という意味の形容詞として扱われる。第 1 音調句のトーンは regard に

付く。**one another** は一種の代名詞なので、トーンは付かない。その結果 regárdoneanother という長い 1 語のようになる。**cóldness** の強勢母音は [əʊ]。

⑮ and my own st**a**ff

ダーリントン・ホールの召使たちは、

stáff の強勢母音は [ɑː]。しっかり口を開けて喉の奥から。ここは降昇調で発音されている。次に述部が続くことを示唆している。

⑯ were ra**ther** gla**d**to be too b**u**sy │
to spen**d** much t**i**me with**them**.

忙しくてその人々と顔を突き合わせる暇がないことに、むしろほっとしておりました。

rather glad の２つの -a- は違う母音。rather は [ɑː]、glad は [a]。AE ではともに [æ] でよい。またイギリスでも北側の発音では、両者はともに [a]。区別はない。しかし標準的な BE では区別される。glad _to_ では似た音が続くため、前側の [d] が落ちる。なお⑯には **to** は 2 つある。いずれの to も弱く短く、細字のボールペンで点を打つように発音される [tə]。一方、**too** は強勢があるので、強く長い [túː]。to と too は明確な区別がある。

too busy でトーンが付くため、busy の後でいったん区切った。しかし音声的には続いている。**spend much** はともに内容語で強勢がつくが、軽く素早く発音している。特に spend の -d は聞こえないくらい弱い。その分、**time** にエネルギーを集中している。**time with them** で ▷ を作る。time は有声子音で終わる。その time にトーンが付くため、二重母音 [aɪ] は [aːɪ] ぐらいの長さになる。with them では [ð] がダブるので、1 つになってしまう。その結果、wíthem という 1 語のつもりで発音する。

11 🎙 Oscar Wilde, *The Happy Prince*

オスカー・ワイルド『幸福な王子』

① But before │ he had opened his wings,

② a third drop fell, │ and he looked up, │ and saw –

③ Ah! │ what did he see?

④ The eyes of the Happy Prince │ were filled with tears,

⑤ and tears │ were running down │ his golden cheeks.

⑥ His face │ was so beautiful │ in the moonlight │

⑦ that the little Swallow │ was filled │ with pity.

⑧ 'Who are you?' │ he said.

⑨ 'I │ am the Happy Prince.'

⑩ 'Why are you weeping then?' │ asked the Swallow;

⑪ 'you have quite drenched me.'

⑫ 'When I was alive | and had a human heart,' | answered the statue,

⑬ 'I did not know | what tears were,

⑭ for I lived in the Palace | of Sans-Souci |

⑮ where sorrow | is not allowed to enter.

⑯ In the daytime | I played with my companions | in the garden,

⑰ and in the evening | I led the dance | in the Great Hall.

⑱ Round the garden | ran a very lofty wall,

⑲ but I never cared to ask | what lay | beyond it,

⑳ everything | about me | was so beautiful.

㉑ My courtiers | called me | the Happy Prince,

㉒ and happy indeed I was, | if pleasure | be happiness.

㉓ So I lived, | and so I died.

㉔ And now that I am dead | they have set me up here | so high

㉕ thatI can s**ee** | all the **u**gliness | and all the m**i**seryof my | c**i**ty,

㉖ and though my heartis made of l**ea**d

㉗ yetI cannot choose but w**ee**p.'

㉘ 'Wh**a**t, | is he not so lid g**o**ld?' | said the Sw**a**llow | to himS**e**lf.

㉙ He was too pol**i**te | to make **a**ny | per sonal re marks out l**ou**d.

㉚ 'Far a w**ay**,' | con ti nued the st**a** tue | ina low mu sical v**oi**ce,

㉛ 'far a w**ay** | ina li ttle str**ee**t | there isa p**oo**r | h**ou**se.

㉜ One of the win dows is **o**pen,

㉝ and thr**ou**gh it | I can see a w**o**man | s**ea**ted | ata t**a**ble.

㉞ Her face is th**i**n | and w**o**rn,

㉟ and she has c**oo**arse, | red h**a**nds, | all pr**i**cked | by the n**ee**dle,

(36) for she | isa seamstress.

(37) Sheisembroidering | passion-flowers

(38) ona satin gown | for the loveliest | of the Queen's | maids-of-honour | to wear at the next Court-ball.

(39) Ina bed | in the cornerof the room | her little boy | is lying ill.

(40) He hasa fever, | andis asking for oranges.

(41) His mother has nothing to give him | but river water,

(42) so heis crying.

(43) Swallow, | Swallow, | little Swallow,

(44) willyou not | bring her the ruby | outof my sword-hilt?

(45) My feetare fastened | to this pedestal

(46) and I cannot | move.'

でも、翼を広げようとすると３つ目の水滴が落ちてきて、ツバメは見上げました。 ああ！何が見えるでしょう？

　幸福の王子の両眼が涙でいっぱいになっていて、涙が黄金の頬を流れ落ちていました。王子の顔は月明かりのなかでとても美しく輝いていて、小さなツバメは気の毒に思わずにい

られませんでした。

「あなたは誰ですか」ツバメはたずねました。

「幸福の王子です」

「どうして泣いているんですか」とツバメはたずねました。「あなたのおかげでぼくはずぶ濡れです」

「ぼくがまだ生きていて、人間の心を持っていたときは」と像は答えました。「涙とはどんなものかわかりませんでした。サンスーシの宮殿に住んでいたときは、悲しみが入り込むことはありませんでした。 昼間は友人たちと庭園で遊び、夜になると大広間でパートナーの手を取ってダンスを舞いました。 庭園の周りにはすごく高い塀がめぐらされていて、その向こうに何があるのかなんて気にかけたことはありませんでした。身のまわりにあるものはどれもとても美しいものでした。 廷臣たちはぼくを幸福の王子と呼びましたし、もしも喜びが幸福であるのなら、ぼくは間違いなく幸福でした。ぼくは幸福に生き、幸福に死んだのです。ぼくはもう死んでいますが、人びとがぼくをこの高い場所に置いてくれたことで、ここから町のあらゆる醜いことも悲惨なことも見えます。この心は鉛でできていますが、流れる涙を止めることができません」

「え? この王子さまは全部金でできているんじゃないのですか?」とツバメは心のなかで思いましたが、ツバメは礼儀正しかったので、個人的な意見は声にしませんでした。

「ずっと向こうの」と王子の像は小さくうたうような声でつづけました。「ずっと向こうの小さな通りに、一軒の貧しい家があります。窓がひとつ開いていて、女の人がひとりテーブルについているのが見えます。 顔はやせこけて疲れはてているし、手も荒れて、赤くなっています。女の人はお針子で、針を使う仕事で手がすっかり傷ついています。今はサテンのガウンにトケイソウの花を刺繍しています。女王さまのいちばんかわいい侍女が次の舞踏会でそのガウンを着るのです。部屋の隅のベッドに小さな男の子が病気で横になっています。男の子は熱があるようで、オレンジが食べたいと言っています。お母さんが与えられるのは川の水だけで、男の子は泣いています。 ツバメさん、ツバメさん、小さなツバメさん。 ぼくの剣の柄からルビーを取り出して女の人に届けてくれませんか? ぼくは両足が台座に固定されていて、動けません」

Oscar Wilde, *The Happy Prince*

では、最後にオスカー・ワイルド（1854-1900）の『幸福な王子』（1888）を音読しよう。

これは仕上げの音読なので、長めに引用した。今まで学んできたことを活かして、心を込めて音読してみよう。

O_{scar} **Wilde**, *The* **Ha**_{ppy} **Prince**

Óscar の強勢母音は [ɒ]。**Wilde** では語頭の [w] の円唇、[aɪ] が後続の有声子音 [ld] とトーンの影響で [aːɪ] になることに注意。

Happy Prince は形容詞＋名詞の組み合わせ。句末原則が当てはまる。Prince [príns] の下線部では、舌先を必ず上歯茎に付ける。しっかり付けると、下線部は [nts] に近い発音になる。ただし無理に「ツ」の感じを出す必要はない。

① But _{bef}**⬤re** ｜ he _{had} **O**_{pened his} **w⬤ngs,**
でも、翼を広げようとすると

before の be- ははっきり発音する人もいる。その場合の母音は [i]。happy の語末の母音のように、鋭い響きだが短い「イ」。より弱く発音すると [ɪ] となる。

he はここでは初出であること、さらにリズムを作るためも（he had opened を強弱強とするため）、強く読まれている。**had** はきわめて弱く短く、存在感を薄くして発音する。**opened** の強勢母音は [ʊ]。身近な外来語としても使われる単語は、英語でも日本語風の発音になりがちだ。注意したい。同様なのが **wings** [wíŋz]。[w] はしっかり円唇するため、ゆっくり発音すること。-ng の [ŋ] は、はっきりした「ング」ではない。鼻濁音の「ング」だ。

② a third drop f**e**ll, │ andhe look**e**d **u**p, │ and s**a**w –

3 つ目の水滴が落ちてきて、ツバメは見上げました。

third の [θ] をしっかり出す。-d の [d] は舌の構えだけで、破裂していない。聞こえる [d] は次の **drop** の [d] のみ。**third drop fell** は、等間隔に 1・2・3 といったわかりやすいリズムだ。

and he は切れ目なくつなげている。**looked up** はつなげる。動詞＋副詞は句末原則が当てはまる。一見前置詞にも見えるが、動詞の意味をはっきり変える大事な単語。だからこそ、強く読む。

saw は [sɔ́ː]。スペリングにつられて「ソウ」のような二重母音で読まないこと。なお、デイヴさんは最後に「ア」を付けているような読み方をしている。これは次の **Ah!** の予告編ということだ。

③ **A**h! │ what did he s**ee**?

ああ！　何が見えるでしょう？

what の BE でのもっとも標準的な音形は [wɒ́t] だ。ただデイヴさんの読みでは [hwɒ́t] に近い。

④ The **eye**sof the Ha**pp**y Pr**i**nce │ were fill**e**dwith t**ea**rs,

幸福の王子の両眼が涙でいっぱいになっていて、

The は母音の前なので [ði]。**eyes** は際立っているし、有声子音 [z] で終わっているので長く [áːɪz]。また **eyes of the** は下線部をつなげ、▷ を作る。**filled** の [l] は滑らかに長く。filled with の [d] と [w] はつなげて [dw] として発音する。**tears** はトーンが付いているので、はっきり際立つように。そのためにも [t] は、舌先に力を入れて、息をしっかりためてから、ゆっくり吐くように。

⑤ and t**ears** │ were ru**nn**ing d**own** │ his go**l**den ch**ee**ks.

涙が黄金の頬を流れ落ちていました。

⑤全体では、ゆったりした 3 拍を作るつもりで発音する。**down** の後ろには切れ目はない。ただ down は大きな下降があるため、ここで区切りを入れる。down はゆっくり長く [dáːʊn] で。**golden** は [góʊldn] で二重母音だ。語末の [ldn] は、舌をバタバタ動かさない。[l] で舌先を上歯茎に付けたら、そのままの状態で、鼻から息を抜く。長く「ンー」と言う感じだ。**cheeks** はトーンが付くのでゆっくり長く。口を横にしっかり引っぱって発音する。

⑥ His f**a**ce │ was so b**eau**tiful │ in the m**oo**nlight │

王子の顔は月明かりのなかでとても美しく輝いていて、

ここは切れ目はないが、3 音調句にした。**face** は新しい話題なので、高くすることで聞き手の注意を集める。母音は [eɪ]。きちんと二重母音で発音する。**beautiful, moonlight** はしっかり、ゆっくり下降させる。両者の強勢母音はともに [uː]。円唇も忘れずに。また、beautiful の下線部は [tɪ]。日本語の「ティ」では母音がはっきりしすぎる。むしろ「テ」ぐらいでいい。moonlight の語末の [t] もしっかり発音する。

⑦ that the li**tt**le Sw**a**llow │ was f**i**lled │ with p**i**ty.

小さなツバメは気の毒に思わずにいられませんでした。

that the は、the [ðə] を 2 度言うつもりでいい。細字のボールペンで点を打つように。**little** は [lítl]。これは基本単語ながら、発音が難しいものの代表だ。この単語の響きは「リトル」ではない。「レトー」に近い。まず舌先を上歯茎にしっかりつけて、[lɪ] を出す。[tl] は、舌先を上歯茎に付けたままにするだけで出せる。付けたまま、息をいったんせき止める。次に舌の両横から息（声）を漏らす。舌をバタバタ動かさないことがコツ。**swallow** は [swɒloʊ]。

-wa- ではしっかり円唇すること。

　filled に下降調が付いている。そのため、直後でいったん区切った。だが、**filled with** は ▷ を作っているととらえたほうが自然な発音ができる。▷ を作る場合、filled_with の下線部を [dw] とまとめて発音すること。

　pity では2つの破裂音をしっかり。特に語頭の [p] で、息をしっかりためてから、強くゆっくりと息を吐く。

⑧ 'Who **a**re you?' ｜ he s**a**id.

「あなたは誰ですか」ツバメはたずねました。

　疑問詞＋be動詞＋代名詞の組み合わせは、be動詞にトーンが付くのが普通。また、**wh** 疑問文は下降調が基本。疑問詞＋be動詞＋代名詞は、How are you? What is it? などごく基本的な文型。

　he said. のようなト書きの部分は際立たせない。録音では he の前に切れ目がある。しかし、最初に強勢のある áreyou?hesaid という1語のつもりで発音すると自然な感じになる。he said に低い平坦調を付けたのはそのイメージを表すため。

⑨ '**I** ｜ am the Ha**pp**y Pr**i**nce.'

「幸福の王子です」

　I は強くなくてもよさそうである。**the Happy Prince** と言うだけでも答えになるのだから。その I にあえて下降調を付け、間も空けたのは、答えにもったいを付けるためだ。答えの前を長くすればするほど、答えにありがたみが出るというわけだ。

⑩ 'Why are you w**ee**ping then?' ｜ asked the Sw**a**llow;

「どうして泣いているんですか」とツバメはたずねました。

疑問の気持ちが強い場面なので、**Why** を高く強く発音する。トーンは **weeping** にある。**then** は副詞だが、いわば時の代名詞とでも言うべきもの。だからこそ目立った発音はされない。長い wéepingthèn という単語の最後の部分で第2強勢が付いてるような発音になる。(なお、there も同種の副詞。場所の代名詞というべきものである。) ところで weep は、口の開きが最小で円唇の [w] から、唇を最大限に横に引く [iː] に移行する。口の動きが極めて大きいことを意識するように。

第2音調句はト書きの部分なので、際立つような発音は不要。全体に抑え気味に発音する。

⑪ ᾿_{you have} quite drenched _{me.}᾿

「ぼくはあなたのおかげですぶ濡れです。」

you have は弱く短く。または、have は必ず弱まるので、強弱リズムを作るため、you を軽く強めることもある。**quite** は [kwáɪt]。つまり円唇を伴うので、出だしをゆっくり発音すること。**drenched** (濡らす) では出だしの [drɛ] を「ヂュエ」のように発音する。[dr] では少し円唇させ、舌を後ろに引き込むように発音する。なお、たいていの英国人は、dr という文字列を一気に1音として発音する。

⑫ ᾿_{When}I _{was}al**i̇ve** │ _{and had}a hu_{man} h**e**art,᾿ │
an_{swered the} st**a**_{tue,}

「ぼくがまだ生きていて、人間の心を持っていたときは」と像は答えました。

when は接続詞なので弱く。この後、**I was** まで機能語なので、全部弱くては、リズムが生まれない。そこで I を強める。**alive** は降昇調。長くなった二重母音 [aːɪ] の最後のあたりで上昇する。

第2音調句は、頭韻を持つ(h で始まる)3語を強く。句末原則があてはまる。ここのトーンは下降調だ。下降調を使うことで、「human heart を持っていた」

ということをしっかり伝えたいのだ。なお **human** は [hjúːmən]。-man をはっきり「マン」と発音しないように。**heart** の母音は [ɑː]。しっかり口を開けること。

　第3音調句はト書きの部分だ。ここは分離降昇調を使って、続きがあるということを示している。なお、降昇調の上昇は、最終音節で起きる。**answer** は [ɑ́ːnsə]。強勢母音は AE では [æ] だが、BE ではしっかり口を開ける [ɑː]。またスペリングにwがあるが、発音上は存在しない。日本人が苦手な円唇は不要ということだ。answer は下降を担っているので大事な情報だ。はっきり発音する。

⑬ 'I did not knｏw ｜ what tears wｅre,

「涙とはどんなものかわかりませんでした。

　どちらの音調句も弱いところがなく、単語数＝拍数のリズムだ（第1音調句では、中側の **did not** は少々弱いが）。こういう場合、特に句末が大事だ。そこが他より際立つように、高低差や長さを大げさに表現する。

　第2音調句では、**what tears** で前側の [t] は聞こえない。その分、後ろ側の [t] にエネルギーが込められる。tears の [t] が強く響くように。**were** の母音は [əː]。口を大きく開け過ぎないように。なお機能語であるwereが強いのは、単なる句末原則ということではない。本来後ろにあるべきものがない場合（前に行ってしまったり（ここでは what）、省略されたりする場合）、それを代表する be 動詞・助動詞は強くなる、という規則のためだ。

⑭ for I livedin the Pａlace ｜ of Sans-Souｃi ｜

サンスーシの宮殿に住んでいたときは、

　Palace は [páləs]。P はしっかり息をためて。-lace ははっきりした「レス」ではない。**Sans-Souci** は [sɑ̀ːn suːsíː]。デイヴさんは Sans の母音をかなりフランス語風に発音している。そのため「ソーン」のように聞こえる。なお、この名前は外来語で固有名詞なので、ゆっくり発音したい。また Palace でいっ

たん区切ることで、of 以下が際立っている。

⑮ where s**o**rrow │ is not all**o**wed to enter.
悲しみが入り込むことはありませんでした。

　sorrow [sɔ́rəʊ] には高低差の小さい下降調が使われている。十分下がり切っていないので、続きがあることが予測できる。第 2 音調句では、allowed がもっとも耳に残る。一方、句末の enter は声が小さくなっている。ここから **allówedtoènter** という、allowed が主役の、長い単語にトーンが付いているように考える。

⑯ Inthe d**a**ytime │ I pl**a**yed with my comp**a**nions │ in the g**a**rden,
昼間は友人たちと庭園で遊び、

　daytime で降昇調。続きがあると示唆。第 2 音調句は、高低高という形。これは一種の分離降昇調だ。（分離）降昇調の上昇は最後の音節で起こる。英国人は、斜めの音程の変化ではなく、このように階段状にイントネーションを付けることも多い。なお、第 2 音調句と第 3 音調句の切れ目は、トーンを基にしている。音声上の切れ目は、実際にはない。第 3 音調句ははっきりした下降調が付く。これにより情報がいったん完結したことを示す。

⑰ and in the **e**vening │ I l**e**d the d**a**nce │ in the Great H**a**ll.
夜になると大広間でパートナーの手を取ってダンスを舞いました。

　句末原則にしたがった音調句が 3 つ並んでいる。すべて下降調だ。**evening** の発音は [íːvnɪŋ]。出だしは長母音だ。日本語式だと短母音になりがち。しっかり伸ばす。なお、この evening は⑯の daytime と対をなす。そのためにも出だしの [iː] はことのほか、はっきり発音しないといけない。

第 2 音調句では、**led** も高く際立つ。[l] をしっかり、[εd] は口を大きく開け長く。**dance** の母音は [ɑː] だ。口を大きく開け喉の奥から。

　Great Hall は、形容詞＋名詞の構造なので句末原則が当てはまる。Hall の最後では、舌先を上歯茎に付けて、長く伸ばしながら [l] を終える。プツンといった切り方にならないように。

⑱ Round the g**a**rden ｜ ran**a** ve**ry** lo**ft**y w**a**ll,
　　庭園の周りにはすごく高い塀がめぐらされていて、

　Round の二重母音 [aʊ] は、語末の有声子音 [nd] の影響を受けて、[aːʊ] のようになる。日本語式の「ラウンド」では短すぎ。**garden** の語末の [dn] は鼻から音を出しているため、「ンー」程度にしか聞こえない。

　ran の母音は [a]。BE の run [ʌ] – ran [a] – run [ʌ] は、AE に比べ差が小さい。そのため聞き分けは難しい。[ʌ] と [a] の出し方の差は、[a] のほうがより力を入れ、口の前のほうを意識する。[ʌ] は短く脱力気味に出す。**lofty** の強勢母音は [ɒ]。この音調句では、r と l の両方がある。しっかり区別すること。**wall** は [wɔːl]。[w] も母音も円唇する。唇に力を入れて、しっかり丸める。

⑲ but I ne**ver** cared**to** **a**sk ｜ what l**a**y ｜ bey**o**nd**it**,
　　その向こうに何があるのかなんて気にかけたことはありませんでした。

　but I は連結させて、素早く発音する（その結果、よく聞くと but の [t] が有声化していることがわかる。子音が強い BE でも、現実には [t] の有声化は時として起こりうるのである）。**never** はサラっと発音されている。そのあと、**cared** と **ask** はともに、強く長く発音されている。cared の強勢母音は長母音 [ε:] が使われている。ask は [ɑː] だ。

　lay の後に区切れ目はないが、lay が伸び軽く下降しているので、ここで区切っておく。lay は二重母音 [eɪ]。長めに [e:ɪ] と発音する。「エー」のような長母音にしないように。

beyond は [bìːjɔ́nd] のように、be- が強めに発音されている。これによって少しためを作って、次にくる下降に備えているのだろう。-yond は **it** と結びつき、はっきりした下降になっている。

⑳ everything | about me | was so beautiful.
　身のまわりにあるものはどれもとても美しいものでした。

　everything では、[v] と [θ] を手を抜かずに出す。両音に力は不要。歯と唇、歯と舌先が触るだけでよい。**me** の後は切れてはいない。しかし me に平坦調が付いている。「他でもない自分の周りでは…」と述べている。

㉑ My courtiers | called me | the Happy Prince,
　廷臣たちはぼくを幸福の王子と呼びましたし、

　courtiers は [kɔ́ːtiəz]。-ti- と -er(z) は分けて発音すべきものだが、[tjə(z)] と発音する人もいる。**called me** は続きを示唆するため平坦調。call の母音はやはり [ɔː]。**the Happy Prince** は小気味よく。ここではタイトルではないので、じっくり長く言う必要はない。

㉒ and happy indeed I was, | if pleasure | be happiness.
　もしも喜びが幸福であるのなら、ぼくは間違いなく幸福でした。

　第1音調句は、ホップ・ステップ・ジャンプのリズムで。**was** にトーンが付くのは、1）後ろの部分の **happy indeed** が前置されていて、2）実際に happy だった、ということを明確に伝えるためだ。なお、indeed の２つの「イ」はしっかり区別する。in- は [ɪn] で、緩んだ「イ」。ここでエネルギーをためて、deed で唇をしっかり横に引っ張り [díːd]。was は単なる「ワズ」ではない。[wɔ́z] の下線部でしっかり円唇すること。
　第２音調句の **if** は細字のボールペンで点を打つ発音。接続詞は機能語だ。

間延びしないように素早く。**pleasure** では [l] と下線部に注意。下線部は [ʒ]。摩擦音なので、息と声をせき止めないで、漏らすように出す。力を抜くのがコツ。

　第3音調句は、**béhappiness** のような1語のつもりで。happiness (happy) は何度も出た情報なので、そこにトーンは不要。この節は、「もし本当に pleasure が happiness <u>とイコールであるなら</u>」という意味。下線部がむしろ新しい情報だ。だから be にトーンが付く。なお、この be は仮定法。事実ではなく、想定 (Happy Prince の考え) を示しているためだ。

㉓ So I līved, │ and so I dīed.

　ぼくは幸福に生き、幸福に死んだのです。

　so をきちんと二重母音で発音すること (デイヴさんの発音では [ou] だが、現代的な標準発音は [əʊ])。長母音 [oː] は (言葉が悪いが) ちょっと野暮ったい響きになるので注意。この文で一番大事な単語は **died** だ。[dáːɪd] のように長く。

㉔ And now that I am dead │ they have set me up here │ so hīgh

　ぼくはもう死んでいますが、人びとがぼくをこの高い場所に置いてくれたことで、

　いわゆる **now that** 構文は、now を際立たせる。そのため高く長く [náːʊ] と発音している。that は接続詞なので弱い。that I am はつなげて素早く「ヅタエム」のように。**dead** は続きを示すため平坦調。「デッド」のような短さではない。長く [dɛːd]。

　they はここではリズムを作るため (have が弱いので)、強く。they have **set me up** までは切れ目なく滑らかに素早く。here は降昇調なので長く。この文では、「この高い場所に」ということを強調したい。そこで、最後の **high** ではいったん声を高めて、一気にしかし長く [háːɪ] と下降させる。

㉕ that I can s**ee** | all the **u**gliness | and all the m**i**seryof my | c**i**ty,

ここから町のあらゆる醜いことも悲惨なことも見えます。

so high から続く so that 構文の後半部だ。that は接続詞なので弱く短く。また can も機能語なので弱く短く「クン」程度に。そのため、that I can は thatÍcan「ヅタエクン」（ここでは that の -t は有声化していて「ヅダイクン」となっている。BE でも [t] の有声化は起きるということ）。

第 2 音調句は、**àlltheúgliness** という長い 1 語のように切れ目なく。第 3 音調句では、**misery of my** は ▷ を作る。misery の発音は [míz(ə)ri]。長めの ▷ を作るには、母音が少ないほうが言いやすい。[ə] は落として発音してかまわない。なお、意味上の区切りとしては、my の直後ではおかしい。ただ、ここでは発音上の区切りとしてとらえる。

㉖ and though my heartis madeof l**ea**d

この心は鉛でできていますが、

弱強を繰り返す 4 拍だ。**though** は [ðóʊ]。ただしここでは and や my より強いものの、素早く読まれている。**heart** の母音は口を大きく開ける [ɑ:]。**made** は二重母音 [eɪ]。最後は「レッド」などと発音しては、英語にならない。口を大きく開けてしっかり長く [lɛ:d]。

㉗ yetI can**not** choose but w**ee**p.'

流れる涙を止めることができません」

ここは強弱を 3 回繰り返し、最後に下降調。**yet I** は yétI「ィエタェ」という感じの 1 語で。**cánnòt** は強勢は前側にある。上では -not を小さく表示したが、実際は第 2 強勢がある。母音は [ɒ]。**chóosebùt** も同様のリズムだ。**weep** は日本人が思っているより、はるかに口の動きが大きい。まず [w] で唇を小さ

くすぼめる。そこから、一気に横に唇を引っ張って weep。カタカナ英語の「ウイープ」では口の動きも強さもまったく足りない。

㉘ 'Wh**a**t, ┃ is he not so_{lid} g**o**ld?' ┃ said the Sw**a**_{llow} ┃ to him**s**elf.

「え？　この王子さまは全部金でできているんじゃないのですか？」とツバメは心のなかで思いました。

　is he ではリズムを作るため、is が強くなっている。それにより第 2 音調句は 4 拍のリズムとなる。**gold** は上昇調が付いている。本書でのトーンの記述（p.34）で、上昇調が BE で使われることは案外少ないと書いた。ここは、その珍しい例の 1 つ。BE では上昇調の頻度はかなり低いということ。なお、この音調句では、**not** と **solid** の -o- は [ɒ]。gold は [əʊ]。

　第 3、第 4 音調句はト書きの部分だ。ここはセリフの部分のイントネーションを繰り返すのが基本。その結果、最後は上昇調となる。

　said は [sɛd]（語末が有声音なので、実際は長く発音する）。Swallow は [swɒ́ləʊ] だ。「スワロー」ではない。2 つの母音と円唇を正確に。また、この読みでは Swallow でいったん区切ってある。低い平坦調だ。これは継続を示している。だが低いので、自己主張の薄いトーンだ。ここは区切らなくてもかまわないということだ。

㉙ He was too _{pol}**i**te ┃ to make **a**_{ny} ┃ per_{sonal re}marks out l**o**ud.

　ツバメは礼儀正しかったので、個人的な意見は声にしませんでした。

　too ～ to 構文の too は大事な内容語（副詞）なので、しっかり発音する。[t] は舌先に力を込め、さらに [uː] で円唇。**polite** の po- は「ポ」ではない。ほとんど「プ」としか聞こえない [pə]。

　第 2 音調句は切り方の一案だ。ここで必ず区切らなければいけないというわ

けではない。ただ、**to make** 以下は長いので、切れ目を 1 つ入れた方が読み
やすい。**make any** や **remarks out** では連結が起こっている。英語らしく
滑らかに読むためには、1 語 1 語分けていてはいけない。ちなみに、remarks
の re- ははっきりした「リ」ではない。[rə] だ。

　out と **loud** の母音は [aʊ]。日本語の「アウ」では感じが出ない。[a] は
やや [æ] に近い響き。しかも、out と loud では母音の長さが違う。無声子音
で終わる out は短い。loud は有声子音で終わり、トーンも付くので、すこぶ
る長い [aːʊ]。

㉚
ina low muₛᵢcₐₗ v**◯**ice,

「ずっと向こうの」と王子の像は小さなうたうような声でつづけました。

　Far away でつなぎの r が現れている。その Far away は Swallow の注
意を引くためように、声を高めて、大きくゆっくりとした下降調で発音する。一
方、ト書きは全体に控えめな感じに読む。低めの声で、高低差も小さく読む。
statue は [státʃuː]。**low** の母音は [əʊ]。「低音の」という意味もあるが、声に
ついては「小さい」という意味もある。**musical** は「ミュージカル」ではない。
[mjúːzɪkl] で、下線部は「ズコゥ」に近く発音すると感じが出る。**voice** の [v]
は摩擦音。力まず、ゆっくり出すのがコツ。

㉛ 'faraw**a**y ｜ ina lᵢₜₜₗₑ str**◯◯**et ｜ thereᵢₛₐ p**◯◯**or ｜
h**◯**use.

「ずっと向こうの小さな通りに、一軒の貧しい家があります。」

　street では短い下降調が付いている。十分下がりきらないことで、まだ続
きがあることを感じさせる。there is でつなぎの r が現れている。**poor** の、現
代の標準的な発音は [pɔ́ː] だ。[púə] はだんだん聞かれなくなってきている。
デイヴさんはその中間、[pɔ́ːə] と発音している。

㉜ **One**of the **win**dows is **open,**

窓がひとつ開いていて、

　ここはトーンは１つと考えてよいが、**One of the, windows is** はともに
▷ を作っている。なお、One の音をよく聞くと、出だしで少し時間がかかっ
ていることがわかる。[w] の音の特徴だ。日本語の「ワ」は円唇もなくあっさ
りしている。英語の [w] には程遠い。**open** の強勢母音は [əʊ]。

㉝ and thr**o**ugh it ｜ I can see a w**o**man ｜ s**ea**ted ｜
at a t**a**ble.

女の人がひとりテーブルについているのが見えます。

　throughの [θr] は脱力が肝心だ。まず舌先を上前歯先端に、そっと当てる。
すぐに舌を少し後ろへ引く。このとき舌は脱力し、フワっと浮いたような状態に。
これで [θr] になる。[θ] と [r] の境目があいまいになるぐらい、動きは小さい。
　can は機能語なので弱い。「ケン」程度。「キャン」と発音しようとすると
字余りになる。**woman** は [wúmən]。出だしの円唇はしっかりと。「ウーマン」
ではまったく円唇がない。

㉞ Her **face**is th**i**n ｜ and w**o**rn,

顔はやせこけて疲れはてているし、

　thin は [θín] を正確に。「シン」（shin「すね」）や「スィン」（sin「罪」）で
は意味が伝わらない。**worn** は [wɔ́:n]。しっかり円唇する。ちなみに warn
「警告する」も同音。ただ wor- は [wə:] と読むのが普通。work, word, world,
worse, worth など。なおここでは、物語の雰囲気を伝えるべく、声を抑えた
読み方をしている。

㉟ and she has c**o**arse, │ red h**a**nds, │ all pr**i**cked │
by the n**ee**dle,

針を使う仕事で手は荒れて、赤くなって、すっかり傷ついています。

　第 1 音調句では、本動詞ながら **has** は弱まる。次に来る **coarse** が句末
にあり「最強」だ。それを基に強弱リズムを生み出すために、has は弱まるのだ。
さらに **she** は代名詞ながら強まる。これにより強・中・最強というリズムにな
る。なお、coarse は [kɔ́ːs]。しっかり円唇する。

　red hands ではゆっくり 2 拍。しっかり口を開けて [ɛ][a] を出す。どちら
も日本語の「エ」「ア」より口の開きが大きい。

　all は高く際立たせて **pricked** に持っていく。prick での [pr] の 2 音は同
時に発音する。つまり [r] の舌の構えのまま唇を閉じて、一気に息を吐く。そ
うすると録音のような響きが出せる。

　needle の [niː] は細かく言うと、「ニー」ではない。むしろ「ニィー」「ヌィー」
と発音する。-dle [dl] は、舌を上歯茎に付けっぱなしにして、（いったん息をた
めてから）「ウー」と言う。

㊱ for sh**e** │ isa s**ea**mstress.

女の人はお針子で、

　for は機能語なので弱い（ちなみにここでは because の意味の接続詞）。
she はここではリズムを作るため強い。平坦調だ。述部が続くことを示している。
seamstress は [síːmstrəs]（BE では [sɛ́mstrəs] という音形がよく使われる）。
seam に stress が続く感じだ。ただしここでは -stress に強勢はない。-tr- は「チ」
「チュ」のように読んでよい（-stress は「スチェス」に近くなる）。

㊲ She isembr**oi**dering │ p**a**ssion-fl**o**wers

今はサテンのガウンにトケイソウの花を刺繍しています。

embroidering（embroider は「刺繍する」）は目的語が続くため平坦調。-broi- はトーンが付き、有声音が続くため伸びて、[brɔːɪ] となる。**passion-flowers**（passion flower［トケイソウ］）は複合名詞のため、前側の **pássion** が強い（強勢母音は [a]）。ただし、ここでは丁寧に発音されているため、**-flowers** も強めに発音されている。flowers の発音は「フラワーズ」と聞こえるが [fláʊəz] だ。[aʊə] は速く発音されると [awə]（さらに [aə]）に近くなる。

㊳ ona saₜₜₙ g⟶own │ for the l⟶oveliest │ of the Qu⟶een's │ maids-of-h⚫nour │ to wear at the next C⚫urt-ball.

女王さまのいちばんかわいい侍女が次の舞踏会でそのガウンを着るのです。

satin は [sát(ɪ)n]。日本語の「サテン」では「テン」のほうが際立つだけに注意。また、**satin gown** では gown に、継続性を表す下降調が付く。一見、名詞＋名詞の複合名詞（前側が強い）だが、そうではない。材料・素材を表す名詞が前に付くと、それは形容詞の扱いになるためだ。gown は、有声子音で終わり、トーンが付いているので、長く [gáːʊn] となる。なお、[aʊ] の前側の要素はかなり [æ] に近い。とりわけ [g][k] が前に付くと、それがはっきりする。「ギャ」「キャ」のように聞こえるのだ。

　第 2 音調句の **for the**, 第 3 音調句の **of the** は細字のボールペンで点を打つつもりで。一方、第 2 〜 4 音調句の名詞（loveliest も含め）はゆっくりと。**Queen** は [kwíːn] だ。出だしで [w] を含むので、しっかり円唇する。その直後に [iː] が来るので、唇を横に思いっきり引っ張る。口を大きく動かさないと出せない。また、**maids-of-honour** は句なので、句末原則が当てはまる。なお、**loveliest, maids, honour** の強勢母音は [ʌ][eɪ][ɒ]。

　第 5 音調句では、**wear at the** で ▷ を作る。wear は [wɛː]。円唇後、口を大きく開けるように。ここから at を発音するとき、つなぎの r を入れてもよい。**court-ball** は複合名詞なので、前側が強い。母音はともに [ɔː]。円唇を忘れない。

㊴ In a b**e**d | in the c**o**rner of the r**oo**m | her little b**oy** | is lying **i**ll.

部屋の隅のベッドに小さな男の子が病気で横になっています。

In は出だしなので、少々強く。**bed** は「ベッド」のような短く詰まる発音ではない。有声子音で終わり、トーンが付く。だから長く [bɛːd]。**corner of the** は ▷ を作る。cor-[kɔː] のみはっきり。残りの -ner of the は [nərəvðə]（つなぎの r も入っている）。どれだけ弱くあいまいに言えるかがリアルな BE のためのコツ。

第 3 音調句の **boy** は発音記号上は [bɔɪ]。これが「ボーイ」となるのは、語末に子音がなく、さらにトーンが付くためだ。第 3、4 音調句では [l] がいくつも出てくる。舌先に意識を集中して、しっかり出すこと。**little** の [tl] では舌を上歯茎に付けたままにしておく。うまく言えない場合は、[líl] だけで言ってみる。これができたら、[lí] と [l] の間に「ッ」を入れてみる。[líッl]。これで十分通じる little になる。最後の **ill** では、[l] はフワッと長く伸ばして終える。

㊵ He has a f**e**ver, | and is **a**sking for **o**ranges.

男の子は熱があるようで、オレンジが食べたいと言っています。

He は強弱リズムを作るため、強く。その分、has は弱い。**fever** では [f][v] ともに下唇を上前歯先端で軽く触れる。噛まなくてよい。-er はごく短く「ア」（[ə]）。

asking の強勢母音は [ɑː]。口を縦にしっかり開ける。**for** の存在感がほとんどない。発音は [fə] だが、[f] だけのつもりで発音するとよい。決して「フォア」などと言ってはいけない。まったくの字余りになる。**óranges** の強勢母音は [ɒ]。円唇して勢いよく。-ranges では -nge-[ndʒ] で、舌先を上歯茎に付け、きっちり息を止める。その後、[z] をそっと付ける。

㊶ His m**o**ther has n**o**thing to g**i**ve him | but r**i**ver w**a**ter,

お母さんが与えられるのは川の水だけで、

第 1 音調句は 4 拍。**nothing to** と **give him** は ▷ を作る。**river water** は名詞＋名詞のようだが、この river は形容詞だ（「川にある」という意味）。river water の強勢の付け方で判断できる。複合名詞（名詞＋名詞）なら、前側の river が明らかに強い。しかし、ここでの river water は、そうはなっていない。water が、同等かそれ以上に強い。句末原則にかなう例なのだ。すなわち形容詞＋名詞ということだ。なお、water は [wɔ́tə]。wa- ではしっかり円唇し、力強く母音を発すること。また -ter は、舌先に力を込め、スタッカート的に歯切れよくきびきびと発音する。

㊷ so he is cry ing.

男の子は泣いています。

so は [sə́ʊ]。きちんと二重母音で。**crying** の強勢母音は、有声の接尾辞を従え、トーンが付くので、伸びる。[krá:ɪ] と長めに発音すること。

㊸ Swa llow, │ Swa llow, │ li ttle Swa llow,

ツバメさん、ツバメさん、小さなツバメさん。

悲しみを込めての呼びかけなので、高低差の小さな下降調で。**Swa-** [swɒ] の下線部はしっかり円唇させる。急ぐと円唇がしにくくなるので、ゆっくり発音する。また **-llow** は [ləʊ]。[l] と二重母音をしっかりと。なお、最後の **little Swallow** では、繰り返しではない情報である little からトーンが始まっている。líttleswallow という長い 1 語のように。

㊹ will you n o t │ bring her the r u by │ out of my sw o rd-hilt?

ぼくの剣の柄からルビーを取り出して女の人に届けてくれませんか？

will は [w] で始まっている。また **you** も円唇が必要だ。Will you はしっ

かり円唇すること。**not** の次に切れ目はない。しかし not を下降調でしっかり発音するため、いったん区切った。なお not は [nɒ́t]。短く勢いよく下降させる。

her はここでは際立たせるため、高く発音している。**ruby** は「ルビー」ではなく、[rú:bi]。前側が長い。

out of my は ▷ を作る。**sword** は発音注意の単語。[sɔ́:d] だ。w は発音しない。なお wor- の通常の読み方は [wə:] だ（word、work など）。また、この文のイントネーションにも要注意。AE とはかなり違うものになるからだ。AE ならこの文全体（各音調句とも）が上昇調になる。しかし、ここでの読みは、ほぼ下降調に聞こえる。よく聞くと、最後の **-hilt** がごくわずかに上がっている。BE での yes-no 疑問文は、AE のようなあからさまな上昇をしないのが普通だ。

㊺ My feet are fastened ｜ to this pedestal

ぼくは両足が台座に固定されていて、

feet では [f] と [i:] に気を付ける。日本語の「フィート」では BE にならない。**fasten** は [fɑ́:sn]。強勢母音はしっかり口を開ける。**pedestal** は [pɛ́dəstl]。pe- に強勢が付くので、[p] が強く響く。「ペデストゥ」のような発音になる。ただし、ここの下降調は高低差の小さい控えめなものだ。像が fastened されている、と言ってしまうと、pedestal は言わなくてもわかる情報だ。だから控えめなトーンでいい。

㊻ and I cannot ｜ move.'

動けません」

cánnot は [kánɒ̀t]。同じ意味の can't は [kɑ́:nt]。強勢母音が異なるのだ。cannot の後ろに切れ目はないが、2 回下降があるので、2 音調句とした。**move** での下降は抑えめ。ただ円唇はしっかり。

英文スクリプト

1 "Humpty Dumpty" from *Mother Goose*

Humpty Dumpty sat on a wall,
Humpty Dumpty had a great fall.
All the king's horses and all the king's men
Couldn't put Humpty together again.

2 Lewis Carroll, *Alice's Adventures in Wonderland*

CHAPTER I
Down the Rabbit-Hole

The rabbit-hole went straight on like a tunnel for some way, and then dipped suddenly down, so suddenly that Alice had not a moment to think about stopping herself before she found herself falling down a very deep well.

Either the well was very deep, or she fell very slowly, for she had plenty of time as she went down to look about her and to wonder what was going to happen next. First, she tried to look down and make out what she was coming to, but it was too dark to see anything; then she looked at the sides of the well, and noticed that they were filled with cupboards and book-shelves; here and there she saw maps and pictures hung upon pegs.

3 Beatrix Potter, *The Tale of Peter Rabbit*

Mr. McGregor came up with a sieve, which he intended to pop upon the top of Peter; but Peter wriggled out just in time, leaving his jacket behind him.

And rushed into the tool-shed, and jumped into a can. It would have been a beautiful thing to hide in, if it had not had so much water in it.

Mr. McGregor was quite sure that Peter was somewhere in the tool-shed, perhaps hidden underneath a flower-pot. He began to turn them over carefully, looking under each.

Presently Peter sneezed—'Kertyschoo!' Mr. McGregor was after him in no time.

And tried to put his foot upon Peter, who jumped out of a window, upsetting three plants. The window was too small for Mr. McGregor, and he was tired of running after Peter. He went back to his work.

4   Charles Dickens, *A Christmas Carol* (1)

STAVE ONE.
MARLEY'S GHOST.

Marley was dead: to begin with. There is no doubt whatever about that. The register of his burial was signed by the clergyman, the clerk, the undertaker, and the chief mourner. Scrooge signed it: and Scrooge's name was good upon' Change, for anything he chose to put his hand to. Old Marley was as dead as a door-nail.

5 Charles Dickens, *A Christmas Carol* (2)

He had no further intercourse with Spirits, but lived upon the Total Abstinence Principle, ever afterwards; and it was always said of him, that he knew how to keep Christmas well, if any man alive possessed the knowledge. May that be truly said of us, and all of us! And so, as Tiny Tim observed, God bless Us, Every One!

6 Arthur Conan Doyle, *The Sign of the Four*

"You will not apply my precept," he said, shaking his head. "How often have I said to you that <u>when you have eliminated the impossible, whatever remains, *however improbable,* must be the truth</u>? We know that he did not come through the door, the window, or the chimney. We also know that he could not have been concealed in the room, as there is no concealment possible. When, then, did he come?"

7 Winston Churchill, "We Shall Never Surrender" (1940)

We shall defend our Island, whatever the cost may be, we shall fight on the beaches, we shall fight on the landing grounds, we shall fight in the fields and in the streets, we shall fight in the hills; we shall never surrender, and even if, which I do not for a moment believe, this Island or a large part of it were subjugated and starving, then our Empire beyond the seas, armed and guarded by the British Fleet, would carry on the struggle, until, in God's good time, the New World, with all its power and might, steps forth to the rescue and the liberation of the old.

8 William Wordsworth, "Daffodils"

I wandered lonely as a cloud
　　That floats on high o'er vales and hills,
　　When all at once I saw a crowd,
　　A host, of golden daffodils;
　　Beside the lake, beneath the trees,
　　Fluttering and dancing in the breeze.

Continuous as the stars that shine

And twinkle on the milky way,
They stretched in never-ending line
Along the margin of a bay:
Ten thousand saw I at a glance,
Tossing their heads in sprightly dance.

The waves beside them danced; but they
Out-did the sparkling waves in glee:
A poet could not but be gay,
In such a jocund company:
I gazed—and gazed—but little thought
What wealth the show to me had brought:

For oft, when on my couch I lie
In vacant or in pensive mood,
They flash upon that inward eye
Which is the bliss of solitude;
And then my heart with pleasure fills,
And dances with the daffodils.

9 Somerset Maugham, *The Moon and Sixpence*

I confess that when first I made acquaintance with Charles Strickland I never for a moment discerned that there was in him anything out of the ordinary. Yet now few will be found to deny his greatness. I do not speak of that greatness which is achieved by the fortunate politician or the successful soldier; that is a quality which belongs to the place he occupies rather than to the man; and a change of circumstances reduces it to very discreet proportions. The Prime Minister out of office is seen, too often, to have been but a pompous rhetorician, and the General without an army is but the tame hero of a market town. The greatness of Charles Strickland was authentic. It may be that you do not like his art, but at all events you can hardly refuse it the tribute of your interest. He disturbs and arrests.

10 Kazuo Ishiguro, *The Remains of the Day*

The following day brought several more guests and with two days yet to go to the start of the conference, Darlington Hall was filled with people of all nationalities, talking in rooms, or else standing around, apparently aimlessly, in the hall, in corridors and on landings, examining pictures or objects. The guests were never less than courteous to one another, but for all that, a rather tense atmosphere, characterized largely by distrust, seemed to prevail at this stage. And reflecting this unease, the visiting valets and footmen appeared to regard one another with marked coldness and my own staff were rather glad to be too busy to spend much time with them.

11 Oscar Wilde, *The Happy Prince*

But before he had opened his wings, a third drop fell, and he looked up, and saw — Ah! what did he see?

The eyes of the Happy Prince were filled with tears, and tears were running down his golden cheeks. His face was so beautiful in the moonlight that the little Swallow was filled with pity.

'Who are you?' he said.

'I am the Happy Prince.'

'Why are you weeping then?' asked the Swallow; 'you have quite drenched me.'

'When I was alive and had a human heart,' answered the statue, 'I did not know what tears were, for I lived in the Palace of Sans-Souci where sorrow is not allowed to enter. In the daytime I played with my companions in the garden, and in the evening I led the dance in the Great Hall. Round the garden ran a very lofty wall, but I never cared to ask what lay beyond it, everything about me was so beautiful. My courtiers called me the Happy Prince, and happy indeed I was, if pleasure be happiness. So I lived, and so I died. And now that I am dead they have set me up here so high that I can see all the ugliness and all the misery of my city, and though my heart is made of lead yet I cannot choose but weep.'

'What, is he not solid gold?' said the Swallow to himself. He was too polite to make any personal remarks out loud.

'Far away,' continued the statue in a low musical voice,'far away in a little street there is a poor house. One of the windows is open, and through it I can see a woman seated at a table. Her face is thin and worn, and she has coarse, red hands, all pricked by the needle, for she is a seamstress. She is embroidering passion-fowers on a satin gown for the loveliest of the Queen's maids-of-honour to wear at the next Court-ball. In a bed in the corner of the room her little boy is lying ill. He has a fever, and is asking for oranges. His mother has nothing to give him but river water, so he is crying. Swallow, Swallow, little Swallow, will you not bring her the ruby out of my sword-hilt? My feet are fastened to this pedestal and I cannot move.'

著者紹介

小川 直樹 （おがわ なおき）

　英語音声学者・コミュニケーション向上コンサルタント。上智大学大学院言語学専攻博士前期課程修了。1998 年、イギリスのレディング大学で研修。立教女学院短大から聖徳大学の教授を経て、2013 年コミュニケーションのコンサルティング会社 Heart-to-Heart Communications(http://www.htc-c.net/) を設立し、代表取締役を務める。20 年以上の大学と教員研修での指導経験をもとに、英語発音・プレゼン技法・人間関係の技法などを一般に伝えている。

　著書に『イギリス英語でしゃべりたい！』『もっとイギリス英語でしゃべりたい！』『イギリス英語発音教本』（研究社）、『英語の発音　直前 6 時間の技術』（アルク）、『イギリス英語を聞く THE RED BOOK』（コスモピア）、『人前で話すための聞いてもらう技術』（サンマーク出版）など多数。

　またラジオ番組「アゲアゲ English!」はラジオフチューズ（87.4MHz）が誇る人気番組。You Tube「小川直樹の英語発音動画」で、英語発音や英語学習に役立つ動画を多数配信している。

●朗読●

デイヴィッド・ジョン・テイラー （David John Talor）

　英語講師、画家、ミュージシャン。東京大学、東京芸術大学講師。レディング大学卒業、ケンブリッジ大学大学院での研究員期間を経て（専攻は英文学）、九州大学の客員教授に就任。30 年以上の日本での活動において、テキストや雑誌記事の執筆、ナレーション、絵画や彫刻の制作、バンド活動を精力的に進める。ホームページは www.davidjohntalor.com.

●編集協力●

石﨑彩子

●社内協力●

望月羔子

●音声録音・編集●

佐藤京子

イギリス英語で音読したい！
UK音読パーフェクトガイド

● 2020 年 10 月 30 日　初版発行 ●

● 著者 ●

おがわなおき
小川直樹

Copyright © 2020 by Naoki Ogawa

発行者　●　吉田尚志

発行所　●　株式会社　研究社

〒 102-8152　東京都千代田区富士見 2-11-3

電話　営業 03-3288-7777（代）　編集 03-3288-7711（代）

振替　00150-9-26710

http://www.kenkyusha.co.jp/

KENKYUSHA

装丁　●　株式会社イオック（目崎智子）

組版・レイアウト　●　渾天堂

CD 録音・製作　●　東京録音

印刷所　●　研究社印刷株式会社

ISBN 978-4-327-44120-3 C1082　Printed in Japan